Friedrich Vollmer

Das Nibelungenlied erläutert und gewürdigt

Friedrich Vollmer

Das Nibelungenlied erläutert und gewürdigt

ISBN/EAN: 9783743421172

Hergestellt in Europa, USA, Kanada, Australien, Japan

Cover: Foto ©ninafisch / pixelio.de

Manufactured and distributed by brebook publishing software (www.brebook.com)

Friedrich Vollmer

Das Nibelungenlied erläutert und gewürdigt

Das Nibelungenlied

erläutert und gewürdigt

für

höhere Lehranstalten sowie zum Selbststudium

von

Dr. Friedrich Vollmer.

---

10. Bändchen der Sammlung:

Die deutschen Klassiker

von

E. Kuenen
Königl. Gymnasial-Prof.
zu Düsseldorf

M. Evers
Prof. u. Gymnasialdirektor
zu Barmen

und einigen Mitarbeitern.

Leipzig, 1894.
Verlag von Heinrich Bredt.

Vorwort.

Der Aufforderung meiner verehrten früheren Lehrer, der Herren Professor Ed. Kuenen und Direktor Professor M. Evers, in das von ihnen begründete bezw. fortgeführte Unternehmen der Erklärung unserer Klassiker als Mitarbeiter einzutreten, bin ich mit großem Danke und freudiger Bereitwilligkeit gefolgt; habe ich doch als Lernender wie als Lehrender Nützlichkeit der von ihnen herausgegebenen Heftchen erproben dürfen. Und indem ich zum ersten Male mit einem ganz nach ihrem bewährten Vorbilde gearbeiteten Beitrage vor die Freunde dieser Sammlung trete, hege ich den Wunsch, daß meine Arbeit der Vorgänger nicht ganz unwürdig befunden werde.

Daß das Nibelungenlied gerade jetzt in diese Sammlung aufgenommen werden konnte, hat seinen Grund darin, daß seine Schulbehandlung durch die neuen preußischen Lehrpläne von 1892 der Verwertung der neuhochdeutschen Meisterwerke im Unterrichte wesentlich gleichgestellt worden ist. Damit ist eine lange und viel besprochene Streitfrage endlich entschieden worden; die Meinungsverschiedenheiten werden zwar fortbestehen, aber die Praxis hat nunmehr einen gemeinsamen Untergrund erhalten. Ich habe mich einer dieser Skizzierung in den neuen Lehrplänen entsprechenden Bearbeitung besonders gerne unterzogen, da ich mit dieser Art der Behandlung völlig einverstanden bin. Aus der eigenen Schülerzeit habe ich die Erinnerung bewahrt, wie sehr uns die notwendig mit viel Grammatischem durchsetzte Durchnahme des Urtextes die Übersicht über das Ganze, den Ausblick auf weitere Zusammenhänge verbaute, und da ich einsehe, daß die spärliche Stundenzahl, die diesem Gegenstande gewidmet werden kann, eine Verbindung beider an sich wünschenswerter Übungen verbietet, so glaube ich, daß die Forderung, das Wichtigere auf jeden Fall zu leisten, zu Recht besteht.

Das größte Hindernis, welches m. E. zur Zeit noch der oben gekennzeichneten Art der Behandlung des Liedes im Wege steht, ist das Fehlen einer für die Schule passenden Übersetzung. Die einzige kongeniale bleibt neben der Prosaübertragung von Scherr die Simrock'sche; die Einführung in die Schule verbietet sich wegen ihrer einseitig Lachmanns Lehren vertretenden Grundlage und ihres zu hohen Preises. Die Übertragung von Werner Hahn (Kollektion Spemann) gründet sich ebenfalls nur auf A, verfehlt aber außerdem durchaus den Ton und leidet an vielen und starken Geschmacklosigkeiten. Ähnlich steht es mit andern.

Weil so eine für alle annehmbare Grundlage fehlt, habe ich mich entschlossen, im ersten Teile dieses Heftes eine ausführliche, möglichst alle Einzelzüge berücksichtigende Paraphrase in Prosa zu geben und in diese, so weit thunlich, die notwendigen Andeutungen über den Aufbau des Ganzen hineinzuverweben. Was sich hier nicht anbringen ließ, ohne die Erzählung stark zu stören, habe ich in die Anmerkungen verwiesen. Dabei sind alle 3 großen Rezensionen (A B C) berücksichtigt worden, natürlich nur in den größern Abweichungen; es kann ja nicht Aufgabe der Schule sein, die unzähligen Fragen, welche die Wissenschaft an die Einzelheiten knüpft, alle anzuschneiden. Andrerseits habe ich es aber auch nicht vermieden, auf Widersprüche und Schwächen der Komposition hinzuweisen; ich würde es für einen großen Fehler halten, wollte man in der Schule die Wahrheit so weit verleugnen, daß man den Schülern das größte Epos des M.-A. als ein in allen Stücken vollendetes Kunstwerk darstellte. Der Gefahr, daß ein Obersekundaner nun blasiert das „Spielmannsgedicht" verachte, wird ein Lehrer, dem selbst die großen, alle Mängel verdunkelnden Schönheiten des Werkes auch in seiner mhd. Form aufgegangen sind, leicht vorbeugen können; eine weit größere bringt die überschwenglich preisende Behandlung mit sich, die nämlich, daß der Erwachsene, dem bei zufälligem Wiederlesen die Mängel des einst als höchstes Meisterwerk gepriesenen Epos nicht verborgen bleiben werden, sich mit Verachtung von ihm abwende.

Man wird mir vielleicht den Vorwurf machen, ich sei in der Aufdeckung der Schwierigkeiten für ein Schulbuch zu weit gegangen. Ich möchte dem entgegenhalten, daß das Epos auf Obersekunda gelesen wird, wo man von den Schülern, wenigstens immer von einzelnen, schon ein wenig eigenes Nachdenken auch über Dinge, die der Klassenunterricht übergehen muß, erwarten kann. Ihnen und andern, schon der Schule entwachsenen Lesern dürfen wenigstens Fingerzeige nicht fehlen. Das allerdings weiß ich recht gut, daß auch der planmäßigste Unterricht nicht alles in diesem Heftchen Gegebene wird behandeln können.

Was die Entwicklung der Sage angeht, so habe ich mich möglichst beschränkt; die kurze Nacherzählung der nordischen Versionen mußte gegeben werden, — ich habe mich bemüht, ihr nicht durch allzu große Dürftigkeit der Auszüge alles Fleisch zu rauben — im übrigen habe ich es vorgezogen, statt eines Wustes von Meinungen andrer (wie ihn z B. S ch u l z e in seinem unten angeführten Buche bringt) in Kürze meine eigene, im wesentlichen auf W i l m a n n s zurückgehende darzulegen; der Lehrer, welche eine andere eigene hat, wird sie schon zur Geltung zu bringen wissen.

Ganz kurz sei nun noch das Wichtigste aus der neueren wissenschaftlichen Litteratur verzeichnet:

R. v. M u t h , Einleitung in d. N. L. Paderborn 1877.

H. B u s ch , Die ursprüngl. Lieder vom Ende der Nibelungen. Halle 1882.

R. H e n n i n g , Nibelungenstudien (= Scherers Quellen und Forschungen z. Spr.- und Kultur-Gesch. d. germ. Völker 31.) Straßburg 1883.

P. C a u e r , Nibelungenlieder XVI. XVII. XIX. in Haupts Zeitschr. für d. Altertum XXXIV, S. 126—146.

H. Lichtenberger, Le poème et la légende des Nibelungen. Paris, Hachette, 1891.

W. W i l m a n n s , Rezension Lichtenbergers in Zeitschr. f. d. Altertum XXXVI (1892), S. 66—111.

W. S ch u l z e , Einführung in das N. L., Dortmund, Hermann Meyer, 1892 (nützlich durch Zusammenstellungen).

Alles andere gelegentlich benutzte und weniger wichtige findet man genannt bei

P. P i p e r , Die Nibelungen (Deutsche Nationallitteratur, herausg. von J. Kürschner, Bd. VI. 2). Berlin und Stuttgart 1889.

D ü s s e l d o r f , Januar 1894.

Dr. **Friedrich Vollmer.**

Kurze Übersicht.

Siegfried, der edle Königssohn aus Niederland, zieht aus um die schöne Kriemhild, die Schwester der Burgundenkönige in Worms, zu werben. Lange dient er um sie, ohne sie zu sehen, kämpft dann für ihre Brüder gegen deren Feinde und erhält zum Lohne von ihr freundlichen Gruß. Aber erst nachdem er dem Bruder Gunther durch listigen Kampf die unbändige Königin auf Island, Brunhild, erworben, wird ihm die minnigliche Jungfrau vermählt, und er zieht mit ihr in die Heimat. Doch Brunhild ahnt, daß man sie betrogen; nicht ohne Hintergedanken ladet sie die Verwandten zu einem Feste nach Worms. Hier entspinnt sich zwischen den beiden Königinnen ein Streit, der mit ehrabsprechender Beleidigung Brunhilds durch Kriemhild endet. Als Werkzeug der Rache bietet sich Hagen der gekränkten Königin an; durch List erfährt er von Kriemhild die verwundbare Stelle am Leibe des Gatten, und dieser fällt in herrlichster Jugendkraft und Schöne, vom Speere des Mörders nach einer Jagd an blumiger Quelle durchbohrt, von seinen eigenen Verwandten schnöde verraten.

Die Leiche wird der unglücklichen Witwe vor die Thüre gelegt, der Hort ihres Gatten ihr entwendet: so wird der Gedanke an furchtbare Rache in ihrer Seele entzündet und wachgehalten. Die Möglichkeit derselben wird ihr durch des Hunnenkönigs Etzel Werbung gegeben; nicht ohne schwere Kämpfe vertauscht die Unglückliche die Witwentrauer mit der furchtbaren Aufgabe der Rache, nachdem ihr Rübeger, Etzels Vasall und Bote, das Versprechen unbedingter Treue gegeben. Doch erst nach Jahren, in denen die Trauer um Siegfried in ihrem Herzen nie erloschen ist, kann sie die grause That ausführen. Da ladet sie ihre Brüder zu sich ein; trotz Hagens Abraten ziehen diese zur Etzelnburg. Auf der Reise macht man bei Rübeger Rast; dieser verlobt Kriemhilds jüngstem Bruder Giselher seine Tochter. Jetzt nimmt das Verhängnis seinen Lauf; beim Empfange auf Etzelnburg enthüllt sich Kriemhilds wilder Haß zunächst gegen Hagen. Aber die Anschläge gegen diesen mißlingen: nun opfert die Königin alle. Die Niedermachung der Knechte durch Bloedels Hunnen giebt das Zeichen zum allgemeinen Kampfe. Schon hart bedrängt halten die Burgundenkönige doch ihrem Vasallen Hagen die Treue und verweigern dessen Auslieferung. Nun zwingt Kriemhild auch Rübeger gegen seine Freunde zu kämpfen; gebrochenen Herzens fällt der Held als Opfer seiner Treue, mit ihm Gernot. Dann greifen, durch Wolfharts Ungestüm fortgerissen, auch Dietrichs Mannen in den Kampf ein und fallen alle mit Ausnahme Hildebrands; aber auch von den Burgunden bleiben nur Gunther und Hagen, die Hauptschuldigen, übrig. Sie werden von Dietrich gefesselt vor ihre Feindin geführt. Durch Hagens Hohn außer sich gebracht, läßt die Königin ihrem Bruder das Haupt abschlagen und trägt es selbst vor Hagen hin; aber dessen Trotz ist noch nicht gebrochen, da tötet ihn das rasende Weib mit eigener Hand. Hildebrand rächt den Vertrauensbruch und erschlägt Kriemhild. So vollzieht sich mit erschütternder Tragik die Rache für Siegfrieds Ermordung.

Inhalt und Aufbau.

In knappen, aber um so wirksameren Worten giebt der Dichter zuerst unter Verweisung auf alte Lieder als seine Quelle (s. u. S. 91) den Inhalt des ganzen ergreifenden Epos an; es wird „sagen" von Freuden und Festen, aber auch von Weinen und Klagen, vor allem von kühner Recken Streiten. Nun — nicht medias in res, wie z. B. in der Ilias und Odyssee. In zwei Gruppen werden uns, bevor die Handlung beginnt, die Hauptpersonen umständlich vorgeführt. Zuerst Kriemhild mit den Ihrigen (av. 1), dann Siegfried und die Seinen (av. 2). Gerade so wie unser Dichter verfahren mit der Einführung ihrer Helden die Dichter der Spielmannsepen (König Rother u. a.).

Begeistert in seinem Lobe erzählt nun der Dichter: av. 1. In Burgund wuchs ein edles Mägdlein auf, Kriemhild, die schönste weit und breit. Zum herrlichsten Weibe erblühte sie unter dem Schutz ihrer drei eblen Brüder Gunther, Gernot, Giselher, der Burgundenkönige zu Worms am Rhein.

Die Königskinder stammten von dem kraftvollen Könige Dankrat, der ihnen bei seinem Tode das Reich vererbt; ihre Mutter, die mächtige Ute, lebte noch am Hofe. Diesen schützen und zieren die Könige selbst, die wegen ihrer Kraft und ihrer Freigebigkeit weit und breit in hohem Ruhme stehen, und ihre tapfern Recken, voran **Hagen von Tronege**, dann sein Bruder **Dankwart**, dessen Sohn **Ortwin von Metz**, die beiden Markgrafen **Gere** und **Eckewart**, **Volker von Alzei**, der Küchenmeister **Rumolt**. Nachdem der Dichter so die Personen geschildert, wendet er sich zur Beschreibung des Hofes. Aufs prächtigste war dieser eingerichtet: er hatte sogar die vier später (erst seit Chlodwig) feststehenden Hofämter des Marschalls (Pferdemeister), Truchsessen (Speisenaufträger), Schenken und Kämmerers (Schatzmeister).

So haben wir Kriemhild und ihre Umgebung kennen gelernt. In überaus zarter und feinsinniger Weise läßt uns nun noch der Dichter, bevor er zu Siegfried übergeht, einen Blick in das Herz der still der Zukunft harrenden Jungfrau thun. Sie träumt: ihren selbstaufgezogenen Lieblingsfalken hätten ihr zwei Adler zerfleischt. Ute, ihre Mutter, deutet den Traum auf den Verlust eines geliebten Mannes. Entrüstet antwortet Kriemhild: ich will nie von einem Manne wissen; denn Liebe lohnt zuletzt mit Leide. — So verwahrt sich zu Beginn des Ganzen die Haupthelden im dunklen Vorgefühle der tragischen Verkettung von Glück und Unglück im Menschenleben gegen alles, was wir im Verlaufe des Epos über sie hereinbrechen sehen. Mit echt dichterischer Empfindung stellt der Sänger das Thema „Liebe lohnt mit Leide" an den Anfang und an den Schluß (Str. 2438 = 2378 = 2315) des Ganzen.

av. 2. Wie Kriemhild in Worms, so wuchs zu gleicher Zeit **Siegfried**, Sohn **Siegmunds** und der **Sieglinde**, zu Xanten am Niederrhein auf. Die Eltern hielten den kraftvollen Knaben in guter Hut und ließen ihn lernen, was für einen Königssohn sich schickte. Als er nun mannbar war, veranstaltete Siegmund zur Sonnenwende ein großes Schwertleitefest, an dem sein Sohn mit 400 andern „Schwertdegen" zum Ritter geschlagen wurde.

Nach einer Messe im Münster wurde sieben Tage turniert und gefeiert; Siegfried, den wir hier und in der folgenden av. kennen und lieben lernen, ohne daß uns der Dichter etwa eine trockene Aufzählung seiner Vorzüge gäbe, wurde mit Land und Burgen beliehen, seine Schwertgenossen erhielten mancherlei Gaben. Natürlich vergißt der Sänger nicht, die milte (Freigebigkeit) der Herren gegen die Fahrenden zu benen ja Dichter und Sänger auch gehören, zu preisen.

Die 3. av. führt nun die Hauptpersonen am selben Orte zusammen. Siegfried, der in das Alter gekommen, wo es sich für den Königssohn schickt eine Gattin zu wählen, nennt auf das Drängen der Seinen Kriemhild, von deren Schönheit er gehört und die bisher, ihrer in av. 1 ausgesprochenen Gesinnung getreu, alle Freier abgewiesen. Siegmund und seine Gattin sind besorgt über diese Neigung ihres Sohnes, denn sie haben von der Furchtbarkeit der Burgunden (an erster Stelle wird Hagen genannt) wohl gehört, geben aber nach und rüsten den Sohn zur Fahrt aus. Siegfried lehnt größere Begleitung ab; selbzwölft will er in die Welt ziehen. Mit Schmerz und trüber Ahnung sehen ihn die Seinen scheiden.

Am 7. Morgen kommen die Recken am Rheinufer in Worms an, strahlend in goldnen Rüstungen auf herrlichen Rossen. Ihre Pracht erregt die Aufmerksamkeit der Burgunden; man will die Helden gastlich aufnehmen, aber Si. fragt gleich nach dem Könige. Gunther hat mittlerweile von der Ankunft der Recken gehört, aber ihren Namen und ihr Vaterland weiß niemand zu künden. Da wird der als länderkundig berühmte Hagen gerufen; von einem Fenster des Königssaales aus mustert er die Fremden und spricht: ich habe den Helden nie gesehen, aber es muß Siegfried sein, Si. von Niederland, der den Nibelungenhort von Schilbung und Nibelung gewonnen, der den Zwerg Alberich überwunden, der den Lindwurm erschlagen und vom Bade in seinem Blute eine Hornhaut bekommen hat. Er rät ihn wohl zu empfangen. Daraufhin geht Gunther dem Si. freundlich entgegen und fragt ihn nach dem Zwecke seiner Fahrt. Merkwürdigerweise sagt Si. nun nichts von Kri., sondern erschreckt den König und die Seinen, indem er patzig genug erklärt, er wolle das Burgunder Land erobern. Er bietet Gu. eine Art Wette an; wer im Kampfe siege, solle beider Erblande besitzen. Durch Hin- und Herreden reizen sich die Recken (beachte den Ausfall Si's gegen Ortwin: er sei ein Königssohn, jener ein Manne); es scheint fast, als ob Si. es besonders auf einen Kampf mit Ha. und dessen Gesellen abgesehen habe (aus Trotz gegen die Warnung seines Vaters?); endlich, nachdem der Gedanke an Kriemhild Si. schon milder gestimmt, gelingt es Gernot, die Helden zu versöhnen. Si. bleibt friedlich am Hofe, sich nach dem Anblicke Kri's sehnend, die ihrerseits den Recken oft heimlich vom Fenster aus erspäht. Ein ganzes Jahr lang lebt Si. so zu Worms, ohne die Geliebte je zu sehen.

4. av. Da kommen — Beginn eines ganz neuen Bildes (Krieg und Heldenthaten) — Boten von Liudeger von Sachsen und Liudegast von Dänemark, die Gunther für 12 Wochen später Fehde ansagen. Der König und Ha. sind sehr bedenklich, sie fürchten in der kurzen Zeit ihren Heerbann nicht sammeln zu können. Gu. geht bekümmert umher. Si. fragt ihn nach der Ursache seiner Sorge und verspricht ihm seine Hilfe. Gu. teilt ihm die Fehdebotschaft mit, und Si. verheißt ihm Sieg und wenn er mit 1000 gegen 30000 kämpfen sollte; helfen sollen Hagen, Ortwin, Dankwart, Sindolt und Volker. Auf Si's Zuspruch entläßt Gu. die reichbeschenkten Boten mit der Antwort: die Feinde sollten nur kommen. Als diese die Drohung vernommen und zugleich gehört, daß Si. von Niederland den Burgunden beistehe, rüsten sie noch größere Scharen, Liudegast 20000, Liudeger gar 40000

Mann. Die Burgunden ziehen den Feinden entgegen: auf Si.'s Bitte bleibt Gu. zum Schutze der Frauen zu Hause. Ha. ist Heermeister, Si. steht aber nicht unter seinem Befehle, denn gleich trifft er selbständig Anordnungen. Man zieht durch Hessen bis zur Feindesgrenze. Si. überwindet als erster der Vorhut den König Liudegast, erschlägt allein 30 Recken, die ihrem Könige zu Hilfe eilen, und führt diesen gefangen in Ha. Lager. Nun erfolgt der allgemeine Angriff; Si. mit seinen 12 Speergesellen und 1000 Mann den Burgundenrecken immer weit voran. Endlich muß infolge ihres gewaltigen Andringens Liudeger durch Senken der Fahne um Frieden bitten. Gernot sendet Siegesboten nach Worms; einer muß heimlich zu Kriemhild kommen, und auf ihre in froher Hoffnung des Besten gestellte Frage erhält sie denn auch einen Bericht, der das Gewünschte aussagt, daß nämlich Si. vor allen sich ausgezeichnet. Da „ward ihr schönes Antlitz rosenrot"; reichlich beschenkt wird der Bote entlassen. Bald kommt denn auch die Heerschar heim; Gu. empfängt die von Si. gefangenen Könige und läßt für Gesunde und Kranke reichlich sorgen. Als seine Bundesgenossen sich zum Zuge in die Heimat verabschieden, bittet auch Si. um Urlaub, läßt sich aber umstimmen und bleibt — im Gedanken an Kriemhild.

5 av. Zum Danke für den (vom Dichter mit großen Zahlen überschwenglich ausgestatteten Sieg) veranstaltet Gu. nun ein großes Hoffest auf Pfingsten. Viele Tausende nehmen daran teil. Jetzt kommen endlich, nachdem die Spannung der Hörer und Leser durch das Kriegsintermezzo gesteigert worden ist, die Hauptpersonen Si. und Kri. wirklich zusammen. Gu. hat — das verrät uns nun auf einmal der Dichter — schon längst gemerkt, daß Si.'s ganzes Sinnen auf Kri. gerichtet sei, und giebt gern einer Anregung Ortwins nach, die Frauen auf dem Feste, das der Dichter mit der seiner Zeit eigenen Vorliebe für solche

umständlich beschreibt, erscheinen zu lassen. Von 100 Schwertträgern geleitet, kommt Ute mit ihren Frauen herzu. Alles drängt sich heran, Kri. zu sehen. Auch dem Dichter wird das Herz warm bei dem Bilde: „wie das Morgenrot aus trüben Wolken hervorbricht, wie der lichte Mond vor den Sternen einhergeht", so tritt sie leuchtend in ihrer Schönheit und Pracht vor das Auge des Schauenden. Si. steht von ferne und erblickt sie; dahin ist sein trotziger Heldenmut: „wie wäre es möglich, daß ich Dich lieben dürfte? Die Hoffnung ist eitel. Soll ich Dir aber fremd sein, so wäre ich lieber tot." Unter solchen Gedanken, wie sie einem höfischen Ritter zukommen, wechseln auf seinem Antlitze Röte und Blässe, und er weiß nicht, daß er selbst schön, „wie auf Pergament gemalt" dasteht, ein Bild zum Entzücken. — Nun rät wieder Gernot seinem Bruder, Si. durch Kri. grüßen zu lassen: „damit haben wir den herrlichen Degen gewonnen." Auf Gu's Wunsch tritt Si. vor Kri. Errötend bietet sie ihm Willkommen; er verbeugt sich, sie giebt ihm mit heimlichem Drucke die Hand und den höfischen Kuß. Nach der Messe, die Si. lang genug geworden, treffen sich die Liebenden wieder; Kri. dankt dem Helden für seine Verdienste um ihre Brüder. 12 Tage lang, während der Dauer des Festes, sehen sie sich nun regelmäßig, und Si. zeigt sich höflich und galant. — Nach dem Feste bieten die feindlichen Königsbrüder Gold als Lösung; auf Si's Rat nimmt Gu. das nicht an, sondern entläßt die Gefangenen in Ehren gegen das Versprechen, nicht mehr gegen ihn zu Felde zu ziehen. Von neuem läßt nun der Dichter auch Si. um Urlaub bitten; wieder genügt eine Anspielung auf Kri., um ihn zu halten. Der Held sieht die Königstochter nun täglich, und immer tiefer festigt sich die Liebe zu ihr.

6. av. In dieser Zeit — wieder eine Ablenkung der Leser, die mit Spannung die endliche Vereinigung der Liebenden erwarten — hört Gu. von Brunhild, der jung-

fräulichen Königin über sê, die ihre Freier in Kampfspielen überwand und töten ließ. Er will um sie werben. St. widerrät; (Gu. meint, er wolle jedes Weib bezwingen C), Hagen rät, Si. solle mit dem Könige ziehen, da er wisse, wie es um Brunhild stehe. Gu. bittet Si. um seinen Beistand und verheißt ihm hohen Lohn: da spricht — so verknüpft der Dichter sehr fein die Zwischenerzählung mit dem Geschicke der Hauptpersonen — endlich Si. von seinem Herzenswunsch und verheißt Gu. seinen Beistand, wenn er ihm die Schwester zur Gattin gebe. Gu. ist bereit, und durch Eide bekräftigen die Helden ihren Bund.

Auf Si's Rat, der die Führung übernimmt, wird eine Fahrt nicht mit großem Heere, sondern in recken wîse zu vieren (Gu., Si., Ha., Dankwart) geplant. Gu. und Si. gehen zusammen (auf Ha's Veranlassung nicht zu Ute, sondern C) zu Kri. und bitten sie um prächtige Kleider für einen höfschen rit. Kri. ahnt — sie denkt jetzt an solche Dinge — gleich, daß es sich um eine Werbung handelt; sie verspricht die Bitte der Helden zu erfüllen und läßt nach eigner kluger Angabe die kostbarsten Gewänder anfertigen, die der Dichter mit Wohlbehagen ausführlich beschreibt. Beim Abschied befiehlt Kri. ihren Bruder dem besondern Schutze Si's, der ihn ihr gesund wiederzubringen verheißt. Zum Steuermann des neuerbauten starken Schiffleins erbietet sich Si., da ihm die Wasserstraßen bekannt seien. Am 12. Morgen kommen sie mit dem Winde zum Isensteine, Brunhildens Sitze; auf Si's Rat gehen sie noch am selben Tage zu Brunhild: Si. will vor Brunhild als Manne Gunthers gelten, betont aber, daß er dies Opfer nicht um Gu's, sondern um Kri's willen bringe. Bei der Ankunft hält demgemäß vor den von der Burg herab zuschauenden Frauen Si. Gu. das Roß. Sie reiten dann miteinander zu Brunhilds gewaltigem, aus den kostbarsten Steinen erbauten Palaste und werden freundlich empfangen. Als man den Gästen die Waffen abnehmen will, weigert sich Hagen mißtrauisch sie abzugeben; erst auf Si's Mitteilung, in dieser Burg trage kein Gast Waffen, legt er sie ungern ab. Brunhild wird die Ankunft von Gästen gemeldet; sie fragt, ob niemand sie kenne: ein Kämmerling meint, einer gleiche Siegfried, den möge die Königin wohl empfangen. Auch die andern werden ihr kurz beschrieben, aber die Königin hält sich an den Namen Siegfried und droht ihn zu töten, wenn er um ihrer Minne willen gekommen sei. Prächtig gekleidet empfängt sie die Recken und redet Si. an: "Seid willkommen, Siegfried; was bezweckt Eure Reise?" Si. lehnt die Ehre ab, vor seinem Herrn begrüßt zu werden, stellt diesen als Gunther, König am Rheine, vor und berichtet dessen Absicht Bru. zu gewinnen. Bru. nennt das Bestehen der Spiele (Steinwurf, Sprung, Gerwurf) als Bedingung für ihren Besitz; unterliege Gu., so sei sein und seiner Mannen Leben verfallen. Durch Si's Zuspruch ermutigt, nimmt Gu. die Herausforderung an. Sofort werden die Vorbereitungen zu den Kampfspielen getroffen: Bru. und Gu. rüsten sich. Unterdes geht Si. heimlich zu dem Schifflein, wo er die Tarnkappe versteckt hielt, schlüpft hinein und kehrt, ohne von jemand gesehen zu werden, zum Beistande seines Herrn in den rinc, den für die Kämpfe gebildeten Kreis, zurück. In prachtvoller Rüstung, furchtbar anzuschauen (diu ist des tiuveles wîp, sagt Hagen) kommt Brunhild zum Kampfe. Gunther verliert den Mut; auch Dankwart und Hagen sehen trüben Sinnes dem Kommenden entgegen und wünschen sich ihre Waffen wieder; Bru. hört das und heißt mit verächtlichem Lächeln den Fremden ihre Wehre zurückstellen. Drauf rollt die Königin an ihren weißen Armen die Ärmel auf, um den Kampf zu beginnen; da tritt Si. in seiner Tarnkappe unsichtbar zu Gu., ermutigt ihn und faßt statt seiner den Schild. Er ist zur rechten Zeit gekommen, denn schon hat die Königin den Speer gegen

Gu's Schild geschleudert, so machtvoll, daß die Helden beide wanken, daß Si., der den stärksten Anprall auszuhalten hat, das Blut vom Munde bricht. Ohne die Tarnkappe, die ihrem Träger 12 Männer Kraft gab, wären die Helden verloren gewesen. Nun schießt Si., um Bru's Schönheit nicht zu zerstören, den Speer umgekehrt zurück; vom Anprall des stumpfen Endes sinkt die stolze Königin zur Erde. Zornig dankt sie Gu. für den Schuß. Dann wirft sie einen gewaltigen Stein, den kaum 12 Männer tragen konnten, zwölf Klafter weit und springt ihm nach; aber Si. übertrifft sie auch in dieser Kunst, obgleich er Gu. noch im Arme mitzuführen hat. Bru. wird vor Zorne rot, stellt aber dann Gu. ihren Verwandten und Mannen als ihren künftigen Herrn vor. Si. bringt unterdessen die Tarnkappe wieder fort und (nun bringt der Dichter [BC, nicht A] sehr geschickt eine Spannung in die Situation: man fürchtet, Si's List könne durchschaut werden) thut sehr erstaunt, als er hört, die Spiele seien zu Ende. Bru. fragt (fast argwöhnisch), wie es komme, daß er den Kämpfen nicht zugesehen; Hagen bemerkt entschuldigend, Si. sei bei dem Schiffe gewesen. Si. drückt seine stolze Freude darüber aus, daß Bru's. hohverte überwunden ist und daß sie den Recken nun an den Rhein folgen müsse. Bru. aber will erst noch von all ihren Magen und Mannen Abschied nehmen. Diese werden geladen und kommen nun in so hellen Haufen zum Isenstein geritten, daß Hagen Verrat besorgt. Si. teilt die Besorgnis und erbietet sich Hilfe zu schaffen, 1000 Mann; Gu. solle Bru. nur sagen, Si. sei in seinem Auftrage abwesend.

So hat der Dichter (nicht sehr geschickt, denn von einer feindlichen Absicht der Königin gegen ihren Besieger hören wir nichts mehr) nun eine Erzählung eingeleitet, die mit der Haupthandlung gar nichts zu schaffen hat, völlig als Episode erscheint (s. b. Anm.) und gewisser-

maßen einen ganz andern Siegfried zum Helden hat. —
Mit der Tarnkappe angethan fährt Si. auf dem Schifflein, dessen Insassen niemand sieht, in einem Tage und einer Nacht zum Lande der Nibelungen, wo er den großen Hort besaß. Er steigt wie ein wegemüder Wandrer zur Burg hinauf, findet das Thor verschlossen, verlangt mit verstellter Stimme Einlaß, kämpft mit einem Pförtnerdienste thuenden Riesen, überwindet und bindet ihn. Auf den Lärm kommt ein wilder Zwerg, Alberich, herangeeilt und greift ebenfalls den Helden mit einer 7köpfigen Geißel an. Um den Alten, seinen Kämmerer, zu schonen, fängt ihn Si. beim Barte, Alberich ergiebt sich und Si. bindet auch ihn. Nun erst stellt er sich als Si., den Herrn der Burg, vor und verlangt eine Schutztruppe von 1000 Nibelungen. Er bindet Alberich und den Riesen wieder los. Schnell sammeln sich, nachdem Si. den üblichen Würzwein als Begrüßungstrunk erhalten, 30 000 Ritter; aus ihnen werden die 1000 besten gewählt. Frühmorgens brechen sie mit Si. auf und gelangen schnell in Bru's Land. Als Bru. die stolzen Schiffe kommen sieht, geht sie mit Gu's Erlaubnis den Gästen entgegen und begrüßt sie, besonders Si. — Im Folgenden sucht der Dichter durch einen kleinen Zug Gu's Reichtum hervorzuheben. Auf Bru's Wunsch erbietet sich Dankwart, den Fremden Gaben zu verteilen, ist aber dabei so freigebig, daß Bru. fürchtet, er möchte alle ihre Schätze verstreuen. Verächtlich antwortet ihr Hagen: Wir haben am Rheine so viel, wir brauchen von dem Deinen nichts mitzunehmen. Da behält sich die Königin nur 20 Leitschreine voll Gold und Steine vor. Dann befiehlt sie ihr Land in die Obhut des Bruders ihrer Mutter und folgt mit 2000 Mann und 86 Frauen Gu. auf die Schiffe zur Fahrt nach Worms.

9. av. Am 10. Tage der Heimfahrt wird auf Vorschlag Hagens, der freilich für sich selbst den Auftrag ablehnt, Si. mit der Botschaft vom Gelingen des Unternehmens

nach Worms voraufgesandt. Auch er will zuerst nicht (BC nicht unebner Zug, er will Kri. vor der Verlobung nicht noch einmal sehen), läßt sich aber schließlich erbitten und reitet mit 24 Recken nach Worms. Dort erregt seine Ankunft zuerst großen Schrecken: Gernot und Giselher glauben, weil Si. allein kommt, Gu. sei ein Unglück zugestoßen, das Gleiche glauben die Frauen, als Si. vor sie geführt wird. Si. kann alle beruhigen und erhält von Kri. ein kostbares Geschenk als Botenlohn. Nach Gu's Wunsch, den Si. übermittelt, rüstet man sich zu prächtigem Empfange der Gäste; ausführlich beschreibt der Dichter Kleider und Schmuck.

10. av. Kriemhild reitet neben Si., Ute neben Ortwin zum Rheine. Mit freundlichem Kusse empfangen sie Brunhild. Die Zuschauer sind uneinig, ob Bru. oder Kri. der Preis der Schönheit gebühre; über seine eigene Meinung läßt der Dichter keinen Zweifel: dô sprâchen dâ die wîsen, die heten iz baz besehen, man möhte Kriemhilde wol für Prünhilde jehen. Nach einem prächtigen Buhurt kehrt man abends in die Stadt zurück zu einem Festbankett. Jetzt, noch bevor Gu. sich zum Essen die Hände gewaschen, mahnt Si. den König an sein Versprechen betreffs Kri. Sogleich läßt Gu. Kri. allein vor sich kommen und teilt ihr mit, daß er sie einem Recken verlobt. Si's Name wird nicht genannt; trotzdem erklärt Kri., für die freilich der Name nicht mehr genannt zu werden braucht, entgegen ihrer im Anfange des Liedes bekundeten Gesinnung ihre Bereitwilligkeit, dem Bruder, der ja nach altgermanischer Sitte sie verloben darf, gehorchen zu wollen. Der Held und die Königstochter werden nun im Mannerringe mit einander verlobt und vermählt, sie tauschen den Verlobungskuß und setzen sich nebeneinander zu Tische. Da — das erste Zeichen des drohenden Konfliktes — fängt Bru. an zu weinen. Auf Gu's Frage nach dem Grunde ihres Kummers tritt der Stolz

der unbändigen Königin deutlich hervor: sie weint, weil
Gu. seine Schwester seinem eigenholden, seinem Vasallen,
verlobt hat. Gu. beschwichtigt sie; zu gelegener Zeit wolle
er ihr den Grund für sein Thun sagen. Bru. ist damit
keineswegs zufrieden gestellt, sie droht sich Gu. nie ganz
zu ergeben, wenn sie nicht genügenden Aufschluß finde.
Gu. verrät ihr nun, schwach wie er ist, daß Si. ein ebenso
edler und mächtiger König sei wie er selbst. Als das
Mahl beendet, gehen Bru. und Kri. noch in Freundschaft
auseinander. Während Si. und Kri. sich ihrer Ehe er-
freuen, versagt sich Bru., die offenbar Gu's erster Auskunft keinen Glauben schenkt, in der Brautnacht Gu. so-
lange unz ich diu mære ervinde (weshalb Si. Kri. erhalten) und, als Gu. mit Gewalt sich in seine Rechte zu
setzen versucht, überwindet ihn Bru. schmählich, bindet ihm
Hände und Füße und hängt ihn an einen Nagel, wo er
bis zum Morgen hängen muß. Am andern Morgen gehen
Bru. und Gu. zur Messe; auch Si. kommt dahin und
erfährt auf seine freundschaftliche Frage von Gu. die Schmach,
die ihm der übele tiufel Bru. angethan. Si. verspricht
ihm nun nochmals seine Hilfe zur Überwindung der un=
bändigen Frau. Gu. ist damit einverstanden. Der Ab-
sprache gemäß verläßt Si. in der folgenden Nacht seine
Gattin, durch die Tarnkappe unsichtbar gemacht, und über=
windet nicht ohne harten Kampf Bru's Trotz, so daß sie
sich nun Gu., der jetzt an Si's Stelle tritt, ergiebt (und
so ihre übernatürliche Stärke verliert BC). Eins aber
kann Si. nicht lassen: zum Zeichen seines Sieges nimmt er
die Symbole von Bru's unbändiger Kraft, ihren goldnen
Fingerring und ihren Gürtel an sich; dann geht er wieder
zu Kri. und weiß sie über sein Verschwinden zu beruhigen
(erst später, als sie in Niederland wohnen, erzählt er ihr,
was in jener Nacht geschehen, und schenkt ihr den Bru.
geraubten Schmuck). — 14 Tage lang dauert noch die
Hochzeit, dann scheiden die Gäste reich beschenkt.

11. av. Endlich entschließt sich auch Sj. wieder in seine Heimat zurückzukehren; Kri. will vorher von ihren Brüdern ihren Teil an dem Erbe empfangen, ein Zug, der dem anspruchslosen Si. nicht gefällt. In einem Gespräche der Verwandten versichern die drei Könige Si. ihrer steten Freundschaft und Hilfsbereitschaft, und Gu. bietet von selbst die Erbteilung an. Si. verzichtet und meint, sein Weib könne das Erbe wohl entbehren. Allein Kri. besteht auf ihrem Rechte und verlangt — weiteres wird nicht erwähnt —, daß Hagen und Ortwin ihr als Vasallen folgen. Hagen aber weigert sich des zornig; die Troneger gehörten, sagt er, untrennbar zum Wormser Hofe. Damit läßt der Dichter den Erbschaftsstreit fallen; Kri. nimmt Eckewart, 500 Mann und 32 Mädchen mit sich. — Als die Vermählten in Xanten angekommen und von den Eltern prächtig und liebevoll empfangen worden sind, legt Siegmund zu Gunsten seines Sohnes die Krone nieder. 10 Jahre regiert nun Si. in Ruhe und Glück sein väterliches Land; er bekommt von Kri. einen Sohn, der Gunther genannt wird. Auch Bru. schenkt Gu. einen Knaben; man tauft ihn Siegfried. Das einzige Leid, welches Si. erfährt, ist der Tod seiner Mutter Sieglind; sonst scheint der Himmel seines Glückes wolkenlos, Reichtum und Ruhm hat er die Fülle.

12. av. Aber — nun steigt langsam die Wolke des Leides auf — Bru's Stolz hat die vermeintliche Erniedrigung, daß ihre Schwägerin einem Vasallen vermählt sei, nicht vergessen. Sie äußert vertraulich gegen Gu. den Wunsch, Kri. einmal wieder zu sehen. Gu. meint, sie wohne zu ferne. Bru. antwortet, ein Vasalle, wie mächtig er auch sei, könne nie so weit wohnen, daß er dem Gebote seines Herrn nicht zu folgen brauche. Gu. lacht darüber, daß sie ihren alten Irrtum über Si's Stellung zu ihm noch festhält — tragische Ironie —, sendet aber schließlich, als Bru. in listiger Verstellung nun ihre große

Sehnsucht nach Kri. schildert, 30 von Bru. reich ausgestattete Ritter und läßt Si. mit Kri. zu einem großen Feste auf die (Sommer-) Sonnenwende einladen. In drei Wochen kommen die Boten an den Ort ihrer Bestimmung, sonderbarerweise nicht nach Xanten, sondern ze Nibelunges bürge, ze Norwaege in der marke, wo Si. sich befand. (Vgl. Anm. zu 88=87). Vom Fenster aus wird durch eine Magd Gere unter den Boten erkannt, und freundlich werden die Fremden nun aufgenommen. Doch bevor sie sich gesetzt, gegessen oder getrunken, richtet Gere seine Botschaft aus, bestellt die Grüße der Verwandten und übermittelt die Einladung Si. hält die Reise zuerst für zu beschwerlich; Gere läßt nicht nach, die Freude der Burgunden und ihrer Frauen über ihr Kommen zu schildern. 9 Tage bleiben die Boten, die auch der alte König Siegmund freundlich begrüßt. Da besendet Si. seine Freunde, und nach Rücksprache mit ihnen und als Siegmund sich zur Mitreise erbietet, entschließt er sich der Einladung Folge zu leisten. Während die Niederländer unter Vorsorge Eckewarts sich zur Reise rüsten, fahren die Boten heim. Mit Freude vernehmen Gu., Bru. und Ute die Annahme der Einladung. In die Freude klingt ein ahnungsvoll trüber Ton; Ha. preist, als er die reichen Gaben sieht, welche die Boten von Si. erhalten haben, Si. als Besitzer des Nibelungenhortes und kann die Bemerkung nicht unterdrücken: hei solde er (der Hort) komen iemer in der Burgonden lant. — Sofort beginnen die Vorbereitungen für das Fest: Hunolt, Sindolt, Ortwin und Rumolt haben alle Hände voll zu thun.

13. av. Si., Kri. und Siegmund ziehen nun mit zahlreichem Gefolge nach Worms; der junge Gunther bleibt daheim: er sollte seine Eltern nicht wieder sehen. Als ihr Kommen in Worms bekannt wird, mahnt Gu. Bru., Kri. ebenso freundlich zu empfangen, wie sie einst von ihr empfangen worden sei. So begrüßen Frauen und Recken

die Gäste aufs herzlichste; durch besondern Gruß von Gu. wird Siegmund ausgezeichnet. Unter Turnieren, Gelagen, Gottesdiensten im Dome gehen nun die Tage festlich dahin.

14. av. In all die Freude bricht nun, durch Bru's Eigensinn und Stolz heraufbeschworen, das Verhängnis. Eines Abends sitzen die Königinnen während eines Turniers beisammen, als Kri. im Übermaß der Bewunderung ihres Gatten das unvorsichtige Wort fallen läßt: Mein Mann ist so edel und trefflich, daß ihm eigentlich dies Land der Burgunden unterthan sein müßte. Ruhig entgegnet Bru., so lange Gu. lebe, sei das ja wohl unmöglich. Kr. weist auf Si., den die Frauen vom Fenster aus sehen können: Siehst Du, wie er dasteht? Er überstrahlt die andern Recken wie der lichte Mond die Sterne. Bru. entgegnet: Wie edel auch Si. sei, Gu. gebührt doch der Vorrang. Nein, verwahrt sich Kri., er ist wol Gunthers genôz, er ist Gu. mindestens gleich. Nimms mir nicht übel, fährt Bru. fort, aber vor Jahren, als Gu. mich durch seine Stärke gewann, hat mir Si. selbst gesagt, er sei Gu's Manne (also kann er nicht sîn genoz sein). Nun ist Kri. ernstlich gereizt: Da hätten meine Brüder schön für die Ehre meiner Familie gesorgt, wenn ich das Weib eines Vasallen wäre. Bitte, Bru., laß solche Worte unterwegs. Eigensinnig aber erwidert Bru.: Ich kann das Wort nicht ändern, denn warum sollte ich auf einen mir unterthanen Ritter verzichten! Jetzt ist Kri. wirklich aufgebracht, und im Bewußtsein ihrer Überlegenheit höhnt sie die Gegnerin. Wenn's so ist, wie Du sagst, dann wunderts mich nur, daß er Dir so lange keinen Zins gezahlt. Der Hohn trifft Bru.: Ich will doch sehen, ob man Dir gleiche Ehren erweist wie mir. Wohl, so nimmt Kri. die Herausforderung an, beim Kirchgang können wir's erproben; da sollst Du schon sehen, daß ich adelvrî, keinem unterthan bin. Gut, spricht Bru., wenn Du nicht eigen

sein willst, so müssen Deine Frauen sich beim Gange zum Münster von meinem Gesinde trennen. Damit endet das Gespräch: zornig gehen die beiden Königinnen in ihre Gemächer, jede läßt sich und ihre Frauen nach Kräften schmücken, um die Gegnerin an Pracht zu übertreffen. Mit großem Gefolge, 43 Frauen und allen Mannen Si's, geht Kri. am Abend zum Münster. Bru. mit den Ihrigen steht schon davor, und als sie nun ihre vermeintliche Vasallin in königlichem Glanze ankommen sieht, da überwältigt sie der Neid, sie trägt den bislang geheimen Streit in die Öffentlichkeit, indem sie Kri. stille zu stehen gebietet: Die Dienerin soll nicht den Vortritt vor der Königin haben. So vor allen ihren eigenen Leuten und den Burgunden öffentlich beleidigt setzt nun auch Kri. alle Rücksicht beiseite; was sie bislang trotz aller Gereiztheit verschwiegen, schleudert sie jetzt, aufs äußerste gekränkt, als bitterste Beleidigung ihrer Gegnerin ins Gesicht: Hättest Du geschwiegen, das wäre für Dich gut gewesen. Jetzt sollst Du es hören: Deine Ehre ist dahin; Du bist keine rechte Königin, wie möhte mannes kebese iemer werden küniges wîp, wie könnte man eine Königin als solche anerkennen, die vorher eines Vasallen Kebse gewesen? In blassem Entsetzen vor der unerhörten Beleidigung kann Bru. nur fragen: Wen hast Du mit der Kebse gemeint? Und Kri's Zorn ist noch so groß, daß sie das, was sie vorher nur angedeutet, nun in dürren Worten klar und deutlich sagt: Du bist die Kebse, vor Gu. hat Dich Si. besessen, er ist es, der Deinen magdlichen Stolz gebrochen. Dazu fügt die Gereizte, alles um sich vergessend, den Hohn: Wie konntest Du Dich ihm ergeben, wenn er Dein Unterthan ist? Was klagst Du mich an, daß ich sein Weib bin? — Bru. ist vernichtet; sie klagt: ich werde es Gu. sagen. Das ficht mich wenig an, erwidert Kri.; trotzdem denkt sie jetzt zum ersten Male an die Folgen der Szene, sie macht einen Versuch, sich zu entschuldigen: Du bist schuld, daß es so weit gekommen, indem Du mich Dienerin gescholten; es thut mir leid, aber mit unserem freundschaftlichen Verkehr ist es nun aus. — Mit Bru's Fassung ist es jetzt zu Ende, sie bricht in Thränen aus; Kri. geht vor Bru. in die Kirche, mechanisch folgt Bru. Für den Gottesdienst hat sie natürlich kein Ohr, und die Zeit wird ihr lang; sie muß noch einmal ihrer Feindin gegenüber treten. Beim Ausgang wartet sie auf sie, schon voll von dem Rachegedanken: hat Si. sich meines Besitzes gerühmt, so geht es ihm ans Leben. Als Kr. erscheint, fordert Bru. Beweise für ihre ehrverletzende Behauptung. Sofort weist Kri. den Ring an ihrem Finger, den Si. ihr geschenkt: den brachte mir mein Liebster, nachdem er Dich überwunden. Schnell gefaßt erwidert Bru.: der Ring ist mir gestohlen worden. Höhnisch pariert Kri. die Beleidigung: ich hab' ihn nicht gestohlen; schweige lieber, hier mein Gürtel redet deutlich: jâ wart mîn Sîfrit dîn man, Si. hat Deine Minne gewonnen. Nun ist der Riß unheilbar; sofort läßt Bru. Gu. rufen und klagt ihm, daß Kri. sie Si's Kebse genannt, daß sie ihren, Bru's, Gürtel und Ring trage. Gu. bittet Si. zu kommen; als dieser erfahren, was Kri. gesagt, erbietet er sich sofort zum Eide, daß er Kri. gegenüber sich niemals des Besitzes von Bru. gerühmt hat. Gu. schenkt Si. Glauben und verzichtet auf die Leistung des Eides. Si. spricht nun sein Bedauern aus, daß Kri. Bru. so gekränkt. „Man soll Frauen so erziehen, daß sie übermütige Reden unterwegen lassen. Verbiete Du der Deinigen das, ich will die meine im Zaume halten; ich schäme mich ihrer Unschicklichkeit".

Damit ist die Sache für die Männer einstweilen abgethan. Aber nur scheinbar; im Stillen frißt das Feuer weiter. Zu Bru., die weinend in ihrem Gemache sitzt, kommt Hagen und gelobt seiner Herrin, als er den Grund ihrer Thränen erfahren, daß Si. für ihre Schmach büßen solle. Hagen berät nun Si's Tod mit Gu. und Ortwin, da kommen Gernot und Giselher hinzu. Der letztere spricht mit Wärme für Si., dessen Stellung als Gast wie als Freund man beachten müsse, erfährt aber von Ha., dem die Ehre seines Königshauses über alles geht, die schroffe Abweisung: suln wir gouche ziehen, darf es möglich sein,. an unserer Königsöhne rechtmäßiger Geburt zu zweifeln? Ha. gelobt bei seinem Leben Si. zu töten. Gu. will nichts davon wissen, Ortwin dagegen stimmt mit seinem Oheim. Aber die Könige lassen die Sache fallen, man veranstaltet weiter Turniere; trotzdem liegt Ha. Gu. immer im Ohre und sucht ihn durch einen andern Gedanken zu gewinnen, durch den, daß Si's Tod ihm viel Länderbesitz zubringen würde. Allmählich läßt sich Gu. überreden; er hat nur noch den Einwand, niemand werde wagen es mit Si. aufzunehmen. Da rät Ha. heimlichen Mord und legt den Plan dar, trügerischerweise eine Heerfahrt zu veranstalten und auf dieser Si. beiseite zu schaffen. Nun stimmt der König bei, übele, er that übel daran; mit diesem Urteile des Dichters und Lesers schließt die Aventiure.

15. av. Am 4. Morgen (nach dem Streite der Frauen) kommt, wie Ha. veranstaltet, die trügerische Scheinbotschaft, Liubeger und Liudegast kündeten den Burgunden von neuem Fehde an. Gu. selbst übernimmt nun eine Rolle in dem Betruge: er kündet Si. die lügenhafte Meldung und nimmt mit verstellter Freude Si's Anerbieten, für ihn in den Kampf zu ziehen, an. Man rüstet sich; da geht Ha. zu Kri., anscheinend, um ihr einen Abschiedsbesuch zu machen, in Wirklichkeit um durch List ein Hindernis für seinen schlimmen Plan aus dem Wege zu schaffen. Sie bittet ihn, Si. nicht entgelten zu lassen, was sie Bru. gethan; er selbst habe sie, so erzählt sie naiv und ohne Arg ihrem Todfeinde, hinlänglich gestraft: er hât zerblouwen dar umbe mînen lîp. Listig antwortet Hagen: Wenn Ihr mir sagt, wie ich Si. helfen kann,

so bin ich gerne dazu bereit. Nach kurzer Hin- und Widerrede, in der Ha. schlau die Rede auf Si's Verwundbarkeit bringt, während Kri., wie es scheint, noch Scheu trägt, von dem Geheimnis zu sprechen, erzählt sie ihm, nachdem sie ihn an seine Pflichten als ihr Verwandter erinnert, daß bei dem Bade im Drachenblute Si. ein Lindenblatt zwischen die Schulterblätter gefallen sei und er dort verwundbar geblieben. Damit Ha. die Stelle erkennen und decken könne, will die liebende Gattin auf den Rat des falschen Freundes ein seidenes Kreuzlein auf des Recken Gewand nähen. Nachdem sich Ha. am andern Morgen beim Anblick Si's vergewissert, daß Kri. Wort gehalten, läßt er die Kriegsmeldung, deren Zweck durch Kri's Plaudern erfüllt ist, widerrufen, und Gu. muß jetzt auf Ha's Rat eine Jagd im Wasgenwalde (f. b. Anm.) vorschlagen, zu der Si. mit Freuden seine Teilnahme zusagt. Er bittet den König um einen (ortskundigen) Treiber und Hunde; dieser aber — im Bewußtsein seiner Schuld, ein psychologisch feiner Zug — bietet ihm mehr an, als Si. erbeten.

16. av. Der Dichter greift noch einmal kurz auf das Ende der 15. av. zurück, fügt eine Prophezeiung über das bevorstehende Unglück ein, und erzählt dann weiter, wie Si. zu Kri. reitet, um von ihr Abschied zu nehmen. Kri. hat unterdes Gewissensbisse bekommen, daß sie ihres Gatten Geheimnis an Ha. verraten, und quält sich darum mit bangen Ahnungen. Wie einstmals hat sie schwere Träume gehabt: zwei wilde Eber haben Si. auf der Heide verwundet, zwei Berge sind auf ihn gefallen. Si. redet ihr Trost ein: er wisse von keinem Feinde, der ihm Böses wolle, und nimmt herzlichen Abschied.

Mit großem Geschick und sichtlicher Vorliebe hat der Dichter die nun folgende Jagd beschrieben. In ihrer lebendigen Anschaulichkeit ist diese Erzählung eins der schönsten Stücke mittelalterlicher Poesie. Außerdem ist die Komposition dieses Teiles vorzüglich gelungen, die Absicht des Dichters, den Helden vor seinem grausen Tode noch einmal in seiner ganzen Liebenswürdigkeit und Kraft hervortreten zu lassen, vollkommen erreicht. Zu diesem Zwecke hat Ha., dessen Vorbereitungen zum Morde in dem entsprechenden Teile der Thidrekfaga im Vordergrunde stehen, zurücktreten müssen; der Dichter hat statt dessen Si's Abschied von Kri., seine Jagderfolge, seine Beschreibung, die Episode mit dem Bären höchst kunstreich in die Erzählung verflochten. — Mit großem Gefolge ziehen die Herren über den Rhein; auf einer breiten Insel soll die Jagd stattfinden. Auf Ha's Vorschlag trennen sich die Jäger, damit man sehen könne, wer am meisten Wild erlege. So zieht Si. für sich mit einer kleinen Schar aus und erlegt eine Menge Tiere, darunter sogar einen Löwen (?!), bis die Jäger ihn bitten, aufzuhören, da er sonst Berg und Wald gänzlich leere. Lächelnd giebt Si. ihnen nach. Bald ruft das Horn zum Schlusse der Jagd. Auf dem Ritte zum Stelldichein fängt Si. noch einen wilden Bären lebendig und bindet ihn an seinen Sattel. Noch einmal ergeht sich der Dichter in einer längern Beschreibung des herrlichen Recken und erzählt dann noch einen Scherz, den sich Si. erlaubt. Si. läßt den gefangenen Bären los und freut sich der im ganzen Lager, besonders bei den Herdfeuern entstehenden Angst und Verwirrung; bevor das Tier aber jemand Schaden zufügen kann, holt er es ein und erlegt es. Nun beginnt das Jagdmahl, da fehlt es an Wein; als Si. sich scherzend darüber beschwert, schiebt Gu., scheinbar ärgerlich, die Schuld auf Ha.; dieser entschuldigt sich, er habe den Wein in den Spessart geschickt, weil er geglaubt, es solle dort gejagt werden. Si. scherzt wieder, er habe solchen Durst, daß er Met und Würzwein trinken möchte, so viel als 7 Saumtiere herbeischaffen könnten. Jetzt — damit knüpft er die letzte Schlinge seines Truggewebes — rät Ha., zu einem kühlen Brunnen, den er in der Nähe wisse, zu gehen. Während die Leute sich zur Heimkehr rüsten, wollen Gu., Si. und Ha. zu dem Brunnen unter der Linde. Ha. schlägt einen Wettlauf vor; natürlich ist Si. gleich bereit, er giebt den andern noch etwas vor, indem er sich verpflichtet, mit seinem ganzen Gewand und all seinen Waffen zu laufen, während die beiden andern alles Beschwerende ablegen. Trotzdem ist Si. zuerst an der Quelle, wartet aber — ein letzter liebenswürdiger Zug — trotz seines großen Durstes, bis der König getrunken. Als nun auch Si. sich zum Trinken bückt, trägt Ha. feig-vorsichtig Si's Waffen beiseite, faßt des Recken eigenen Ger und stößt ihm diesen durch das seidene Kreuzlein in den Rücken, daß das Herzblut des Verwundeten dem Mörder über das Gewand spritzt. Todwund, mit dem Speere im Rücken, springt Si. auf, greift nach seinen Waffen, findet aber nur den Schild und schlägt mit diesem auf Ha. ein, bis er zerbricht. Da faßt ihn der Tod, seine Farbe erbleicht, die Kraft schwindet und in die Blumen sinkt der Kriemhilde man; mit bittern Vorwürfen überschüttet er seine Mörder, so daß Gu. in Klagen ausbricht. Si. aber weist das Mitleid des Schuldigen ab. In fürchterlicher Verstocktheit rühmt sich Ha. seiner That, daß er vor Si. Rat geschafft. Si. entgegnet im Nachgefühle seiner einstigen Kraft: Ihr könnt Euch leicht rühmen; hätte ich etwas geahnt, ich hätte mich schon vor Euch beschützt. Dann lenken sich seine Gedanken auf Kri.; um ihretwillen läßt er sich zu Bitten an seine Mörder herab: Schützt, edeler König, mein Weib als Eure Schwester. Mit der rührenden Klage: nu müezen warten lange mîn vater und mîne man, ez enwart nie vrouwen leider an liebem vriunde getân, haucht er zwischen blutgetränkten Blumen sein Leben aus. — Man legt die Leiche nach Rittersitte auf einen Schild. Bange beraten die Männer, wie man die That verhehle; sie wollen sagen, Räuber hätten den Recken im Walde erschlagen. Aber in grausem Frohlocken über das Gelingen seines Mordplanes erklärt Ha. sich bereit, die ganze That auf sich zu nehmen: ich achte die Klagen des Weibes, das meine Herrin beleidigt, geringe.

17. av. Am andern Morgen früh kehrt die Jagdgesellschaft nach Worms zurück. Um seine eisliche Rache an Kri. noch zu steigern, läßt Ha. den Toten vor Kri's Gemach niederlegen. Als Kri. nun ihrer Gewohnheit gemäß früh zur Mette aufgestanden, findet ein Kämmerer vor der Thüre den blutigen Leichnam. Sofort denkt Kri. an Hagen und errät, daß Si. der Tote ist: ez hât gerâten Prünhilt, daz ez hât Hagene getân. Schrecklich klagt sie über der Leiche und droht dem Mörder Rache. Sie sendet Botschaft zu Siegmund. Der alte König eilt sofort mit den 1000 Nibelungen zu Kri. und klagt mit ihr. Die Mannen planen Rache und wappnen sich, um den Mörder in der Burg zu suchen. Aber Kri. hat schon ihre Besonnenheit wiedererlangt; sie erkennt, daß ein Kampf gegen Gu. und die Seinen aussichtslos wäre, und rät davon ab. Von neuem beginnt nun die Klage, und man trifft Vorkehrungen zur Bestattung. In kostbarem Sarge trägt man den toten Helden frühmorgens in das Münster. In verstellter Trauer kommt Gu. mit seinen Mannen hinzu; aber trotzig tritt auf Kri's Aufforderung Hagen an den Sarg: da bluten die Wunden aufs neue. Feige leugnet Gu. auch jetzt noch die Wahrheit ab, aber Kri. sagt ihm ins Gesicht: Du und Hagen, ihr seid die Mörder. Die Nibelungen wollen sich auf sie stürzen, Kri. hält sie zurück. Da kommen auch Gernot und Giselher und sprechen ihrer Schwester — vergeblich — Trost zu. Nach der Leichenfeier, bei der Kri. viel Gold für Messen spendet, verläuft sich die Menge. Drei Tage und drei Nächte lang betet und klagt Kri. mit Freunden und Priestern am Sarge; am vierten Tage wird der Held begraben. Zum

letztenmale küßt Kri. das bleiche Antlitz; dann bricht sie ohnmächtig zusammen.

Damit ist der erste Teil des Epos beendet: Si., der sonnige Held, ist tot, Kri. überreich nach ihrer Liebe mit Leid beschwert, überhart gestraft für ihre unbedachtsame Kränkung der Gegnerin. Unser Gefühl stimmt mit der alten Sage überein: die grause That fordert Sühne. Dieser die zweite Hälfte des Epos beherrschende Gedanke hat auch bereits in Kri's Seele Wurzel gefaßt, und wir ahnen, daß, obschon die Erzählung sich nun wieder zur Schilderung des Alltaglebens wendet, aus dem Funken ein verheerender Brand sich entfachen werde.

18. av. Zuerst tritt Siegmund auf; er will in seine Heimat zurück und fordert die Schwiegertochter auf, ihm zu folgen, sie solle trotz Si's Tod ihre königliche Stelle wieder einnehmen. Da bitten — tragische Ironie, denn die Gewährung ihrer Bitte bringt ihnen den Tod — die Brüder Gernot und Giselher Kri., sie möge bei der Mutter Ute bleiben und verheißen ihr sie für ihres Mannes Tod zu entschädigen. Wie könnte ich es ertragen, entgegnet die Unglückliche, Ha. zu sehen; ich stürbe vor Leid. Auch Ute schließt sich den Bittenden an: da giebt Kri. nach. Und nachdem sie den Entschluß einmal gefaßt, vermag Siegmund sie weder durch die Erinnerung an ihre Königinnenwürde, noch durch den Appell an ihre Mutterliebe umzustimmen: ich muoz hie belîben bî den mînen mâgen, die mir helfen klagen, sagt sie, wohl ironisch an Rache denkend, und befiehlt ihrem Schwiegervater Land und Söhnlein. Da nimmt Siegmund Abschied: man sol uns nimmer mêre hie zen Burgonden sehen; grollend fügen die Mannen hinzu „es sei denn zur Rache an dem Mörder unsers Herrn." Ohne bei Hofe Abschied zu nehmen, wollen die Helden von dannen reiten; da gehen Gernot und Giselher hin und geben Siegmund noch ein freundliches Wort, Giselher geleitet den Zug heim. Graf Eckewart

allein bleibt bei Kri. Diese lebt still ihrer Trauer, nur Giselhers Zureden vermag sie einigermaßen zu trösten. Brunhild dagegen lebt mit übermüete und kümmert sich nicht um Kri's Leid: von einem Verkehre zwischen den Frauen ist natürlich keine Rede.

19. av. Drei und ein halbes Jahr weilt nun Kri. wieder am Hofe zu Worms, in stiller Witwentrauer ganz dem Gedenken an ihren Toten hingegeben, ohne daß zwischen ihr und Gu. ein Wort der Versöhnung gesprochen worden wäre. Da führt — bittere Ironie — Ha. dieselbe herbei. Er trachtet nach dem Nibelungenschatze, und Gu. ist zu einem Versuche bereit, ihn durch Kri's Vermittlung zu erlangen. Gernot und Giselher sollen die Sache in die Hand nehmen. Gernot, der natürlich von Gu's habgierigen Plänen nichts ahnt, ist bereit, die Geschwister zu versöhnen, und seinem Bitten nachgebend, wobei sie freilich ihren Haß gegen Ha. schroff ausspricht, gewährt Kri. Gu. eine Unterredung. Sie söhnt sich mit allen, nur nicht mit Ha. aus. Bald darauf gewinnt nun Gu. — mit welchen Gründen, bleibt unklar; die Bezeichnung des Schatzes als Morgengabe genügt für den Augenblick doch nicht — Kri. dafür, den Nibelungenhort nach Worms kommen zu lassen. Giselher und Gernot fahren hin; Alberich liefert ihn aus nicht ohne zu klagen, daß Si. den Besitz des Goldes und der Tarnkappe mit seinem Leben habe büßen müssen. Übergroß war die Menge des Goldes, dabei war auch die Wünschelrute; Kammern und Türme in Worms konnten kaum alles fassen. Kri. freilich hätte gerne alles für Si's Leben dahingegeben. Mit vollen Händen spendet nun die Königin, so daß Ha. fürchtet, sie erwürbe sich Freunde genug, um Rache üben zu können. Gu. will nichts davon hören und weigert sich, nach Ha's Rat der Schwester den Schatz zu nehmen. Da sagt Ha.: lât mich den schuldigen sîn, nimmt Kri. die Schätze und versichert sich der Schlüssel. Gernot beklagt sich

darüber und meint: „ehe wir uns über den Schatz entzweien, wollen wir ihn lieber in den Rhein versenken, daß niemand ihn mehr besitze." Kri's Klagen Giselher gegenüber bleiben ohne Erfolg, denn die Könige müssen zu einer Heerfahrt ausreiten. In ihrer Abwesenheit versenkt Ha. den Schatz bei Lorch (Lochheim nach J. Grimm)? in den Rhein. Als die Könige wiederkehren, sind sie über diese That entrüstet: klug meidet Ha. darum eine Zeit lang ihr Angesicht, und sie strafen ihn nicht. Kri's Haß gegen ihren Feind ist nun aufs höchste gestiegen; doch noch immer fehlt ihr die Gelegenheit zur Rache, noch 8 Jahre lebt sie weiter in steter Trauer um Si.

(Ihre Mutter Ute zieht sich auf einen Hof bei dem von ihr gestifteten Kloster Lorch, das auch Kri. nach ihres Mannes Tode reich beschenkte, zurück, wo sie auch später begraben wurde. Der Mutter Bitte, zu ihr zu ziehen, schlägt Kri. zuerst ab, sie will bei Si's Grabe bleiben, dann aber läßt sie seine Gebeine nach Lorch schaffen und will gerade hinüber ziehen, als das Schicksal in andrer Weise über sie verfügt C.)

20. av. Es beginnt der zweite Teil des Liedes: Kriemhilds Rache. Ganz neue Personen und Verhältnisse greifen nun in die Erzählung ein. König Etzels Gemahlin Helche ist gestorben; seine Freunde raten ihm, um die stolze Witwe Kriemhild im Burgundenlande, die der Dichter von neuem einführt, als ob er sie nie genannt hätte, zu werben. Des Königs Bedenken, Kri. sei eine Christin, er ein Heide, verscheuchen sie, und Etzel begehrt nun nähere Auskunft über die vorgeschlagene Braut. Wie Ha. in Worms, so tritt nun hier von Bechelâren der guote Rüedegêr als Kenner der Fremde auf; er nennt seinem Könige die Namen der Brüder, preist Kri's Schönheit und übernimmt endlich, ohne Lohn zu wollen, den Auftrag, um Kri. zu werben. Im weiteren Gespräche erwähnt Rü., daß Kri. die Gattin Si's gewesen, den der

König ja an seinem Hofe gesehen. Nachdem in 24 Tagen die nötigen Vorbereitungen getroffen sind, die der Dichter genau beschreibt, wie er überhaupt uns in diesem Teile an breiter Ausführung höfischer Sitten nichts schenkt, bricht Rü. auf, um über Bechelaren zum Rheine zu reiten. (Parallelismus zu der παραπρεσβεία nach Si. und Kri. im 1. Teile.) Seiner Gattin Gotelinde läßt er den Zweck seiner Reise melden; die Botschaft berührt die Frau unangenehm, weil sie in Treuen ihrer alten Herrin Helche gedenkt. Nach 7 Tagen kommt Rü. selbst von Ungarn nach Wien, hier wartet seiner der Reisezug, dann gehts nach Bechelaren. Hier empfangen Frau und Tochter den Recken mit Freuden; 7 Tage weilt er in trautem Gepräche mit seinen Lieben, die für seine Begleiter trefflich sorgen. Dann fahren sie in 12 Tagen durch Bayern an den Rhein, ohne von Räubern belästigt zu werden. In Worms erkennt sie zuerst niemand; da wird wieder wie einst bei Si's Ankunft — vom Dichter beabsichtigter Parallelismus zwischen Teil I und II — zu Ha. gesandt; er kommt und erkennt erst hunnische Mannen, dann Rü. selbst. Freundlich werden die Fremden nun zuerst von Ha., der dankbar Rü's früherer Freundlichkeit gegen ihn gedenkt, dann von den Königen empfangen. Bald aber erhebt sich auf Gu's Frage Rü. zum Zeichen, daß er ein Amt, seine Botschaft, auszurichten hat: Helche, meines Herrn Gemahlin, ist tot, Etzel und sein Volk sehnen sich nach einer neuen Königin, der König wirbt darum um Kri. Gu. verheißt Kri. zu befragen. 3 Tage lang, während Rü. aufs freundlichste verpflegt wird, beraten sich die Burgunden: alle sind für die Annahme, nur Ha. — er nimmt als mâge Kri's, nicht als Manne an der Beratung teil — rät bringend ab, ohne freilich deutliche Gründe anzugeben; erst spricht er nur von Etzel: kenntet ihr den, wie ich ihn kenne, ihr würdet Bedenken haben, dann direkt von Kri.: als Etzels Weib wird sie uns viel Leid anthun. Als darauf Giselher ihn zornig anfährt, man solle sich lieber, statt Kri. Übeles zu gönnen, der ihr angebotenen Ehre freuen, schweigt Ha. unmutig, und nun fassen die Könige — zum ersten Male gegen Ha's Rat handelnd — den verhängnisvollen Entschluß, Kri., wenn sie wolle, mit Etzel zu vermählen. Nun reden Gere, Gernot und Giselher Kri. zu, Ja zu sagen, können aber nur erreichen, daß sie den Boten Rü. zu empfangen verspricht. Andern Tages empfängt sie denn auch den Recken in ihrem gewöhnlichen Gewande, die Augen naß von Thränen; dieser richtet seine Werbung aus und schildert nach der ersten abweisenden Antwort Kri's Etzels Güte und Macht. Endlich verheißt — so wird die Spannung des Lesers immer von neuem gesteigert — die Königin am nächsten Tage bestimmte Antwort zu geben. Auch dem fortgesetzten Zureden Giselhers und Utes gegenüber bleibt sie verschlossen: sie will ihrer Trauer getreu bleiben und als Christin keinen Heiden nehmen; die ganze Nacht bringt sie mit Thränen und schweren Gedanken zu. Auch andern Tags zu Beginn der Unterredung mit Rü. bleibt sie bei ihrer Abweisung; als aber Rü. ihr nun heimlich seine besonderen Dienste und Treue anbietet, da wird der Rachegedanke in ihrer Brust übermächtig; sie nimmt von Rü. und all seinen Mannen den Eid an: swaz mir iemen getuot daz ir sît der naehste, der büeze mîniu leit, und, nachdem ihr noch Rü. das Bedenken wegen Etzels Heidenschaft ausgeredet, sagt sie zu: ich wil iu volgen, ich vil armiu künegîn. — $4^{1}/_{2}$ Tage lang wird nun die Reise gerüstet; noch einmal kränkt Ha. die Unglückliche, indem er ihr den Rest ihrer Schätze raubt, da aber nimmt Gernot einmal energisch sich ihrer an: er giebt ihr das von Ha. beiseite geschaffte Gold zurück. Zum letzten Male spendet die Witwe nun für Si's Seelenmessen, dann nimmt sie den Markgrafen Eckewart und 100 Mägde als Gefolge. Giselher, Gernot, Gere und Ortwin geben ihr das Geleit bis zur Donau; Gu. reitet nur eine kleine

Strecke von Worms aus mit. An Etzel werden Boten über den Erfolg der Werbung voraus gesandt.

21. av. In Vergen (Pföring) an der Donau nehmen Giselher und Gernot freundlichsten Abschied von der Schwester. Von Passau aus reitet Bischof Pilgerin seiner Nichte Kri. entgegen und zieht mit ihr in die Stadt ein. Aber trotz des Oheims Bitten hält sich der Zug — so wünscht es Eckewart — nicht lange auf; nachdem man Boten an Gotelinde vorauf gesendet, geht er weiter durch Bayern — wieder wird wie 1197 = 1174 = 1114 vgl. auch 1457 = 1429 = 1369 der Räuber in diesem Lande gedacht — über Eberdingen (Efferding) bis an die Traun. Hierher reitet Gotelind ihrer künftigen Herrin entgegen zu freundlichem und stattlichem Empfange; abends zieht man in Bechelaren ein, wo Geschenke und Freundlichkeiten ausgetauscht werden. Auf der Weiterreise begleitet Herr Astolt von Medelicke (Mölk) die künftige Königin; zu Mutaren (Mautern) scheidet der Bischof von seiner Nichte, Rü. geleitet sie mit seinen Mannen bis nach Treisenmure an der Treisem (Traisen), einer Burg Etzels. Nach dreitägiger Rast geht es weiter nach Tuln: hier empfängt Etzel mit seiner ganzen Ritterschaft (24 Fürsten; genannt werden Ramunk von der Wallachei, Gibeche, Hornboge, Hawart von Dänemark, Irnfrid von Thüringen, Bloedel, Etzels Bruder, und Dietrich mit seinen Gesellen) die Braut. In feierlich-königlichem Pompe führt Rü. sie seinem Herrn zu und giebt Kri. an, wen sie mit dem höfischen Kusse zu ehren habe, hält auch Etzels Plumpheit im Zaume. In prächtigem Zuge geht es von Tuln nach Wien; hier wird zu Pfingsten die 17 Tage dauernde Hochzeit gefeiert. Trotz aller Pracht — Wärbel und Swemmelin, des Königs Spielleute, erhielten, wie der Dichter nicht zu erwähnen vergißt, jeder 1000 Mark Silbers — denkt Kri. mit Thränen ihres vergangenen Glückes. Nach der Hochzeit ziehen alle über Heimburg, Misenburg (Wieselburg) zur

Etzelnburg (Gran); Kri. wird in alle Ehren Helches eingesetzt; Herrat, Helches Schwestertochter, Dietrichs Gemahlin, führt die Aufsicht über ihre Jungfrauen.

23. av. 7 Jahre lebt Kri. an Etzels Hofe und gebiert dem Könige einen Sohn, Ortlieb. Trotzdem denkt sie noch immer an Si., träumt von ihrem Lieblingsbruder Giselher und frischt ihren Haß gegen Hagen und Gunther, die sie soweit gebracht, daß sie sich einem Heiden vermählt, immer wieder auf. Immer stärker wird in ihr das Verlangen nach Rache. Bei guter Gelegenheit klagt sie Etzel verstellten Sinnes ihre Sehnsucht nach ihren Verwandten — parallel Brunhild zu Gunther im I. Teile —, und er erbietet sich arglos sie nach Etzelnburg einzuladen. Wärbel und Swemmelin erhalten den Auftrag, die Burgunden zu einem Feste um die Sommersonnenwende zu bitten. Kri. nimmt die Boten noch besonders und schärft ihnen ein zu sagen, daß man sie noch niemals betrübt gesehen habe, bestellt an Gernot, Giselher und Ute einen besonderen Gruß und schlägt vor, daß Ha., dem von Kindheit an die Wege zum Hunnenlande bekannt seien, ihre Brüder hergeleite.

24. av. In 12 Tagen reiten die Boten über Bechelaren, wo Rü. ihnen seine Grüße an die Burgunden mitgiebt, und Passau, wohin Bischof Pilgerin auch seinerseits seine Verwandten einladen läßt, nach Worms, wo Ha. sie gleich erkennt. Gu. und seine Brüder empfangen sie freundlich; sie richten ihre Einladung aus, nachdem sie, Kri's Mahnung eingedenk, wiederholt versichert, daß an Etzels Hofe alles in Glück und Freude lebe. Gu. verheißt ihnen über 7 Tage Antwort. Die Boten werden dann auch von Ute empfangen und aufs beste bewirtet. Im Rate der Könige ist alles für die Reise, nur Ha. rät wieder, wie bei der Werbung, ab, indem er erinnert, wie großes Leid man Kri. angethan. Gu. hält dem entgegen, er habe sich mit Kri. durch Kuß versöhnt, sie zürne wohl

nur noch auf Ha. allein. Ha. aber warnt: ez ist vil lancraeche des künec Etzelen wîp. Da meint Gernot: wenn Ha. sich fürchte, könne er ja daheim bleiben. Zornig entgegnet Ha.: ich will euch wohl zeigen daß es mir an Mut nicht fehlt.

Nicht ohne Humor läßt nun der Dichter den Küchenmeister Rumolt Ha's Rat mit der Begründung unterstützen: Ihr habts hier so gut, Kleider und gute Speise die Fülle, was wollt ihr bei den Hunnen Besseres finden? Noch einmal rät Ha. ab: wenn ihrs aber nicht lassen wollt, so fahrt unter dem Schutze einer ansehnlichen Schar von Gewaffneten. So wird — zum zweiten Male und wieder zum Unglücke der Helden — Ha's Rat verworfen: von allen Seiten sammeln sich die Mannen (Dankwart, Volker), um an der Fahrt teilzunehmen.

Listig hält Ha. die Boten Etzels zurück; er will ihnen nur 7 Tage Vorsprung gönnen, damit Kri. nicht allzugefährliche Vorbereitungen treffen könne — so fest ist er davon überzeugt, daß die Königin Böses gegen die Gäste im Schilde führe. Ein Besuch der Boten bei Brunhild und ein zweiter bei Ute geben den Vorwand zu der Aufhaltung. Dann fahren sie heim und verständigen unterwegs Rü. und Pilgerin von dem bevorstehenden Besuche. In Gran fragt Kri. die Boten aus; sie hört, daß Ha. die Fahrt als lebensgefährlich widerraten, daß auch Volker komme. Das ist der Königin nicht lieb — so deutet der Dichter auf Volkers spätere Thaten hin —, sie heuchelt aber den Boten gegenüber Freundschaft für Ha. Etzel trifft — in wirkungsvollem Gegensatze zu Kri's Botenbefragung immer harmlos — Vorbereitungen für den Empfang der Gäste.

25. av. In die Fahrtrüstungen der Burgunden läßt der Dichter nun noch einen Warnungsruf — parallel Kri's Traum vor der Jagd — ertönen: Ute träumt, alle Vögel im Lande lägen tot. Aber verächtlich wendet sich

Ha., der nun, nachdem man seinen guten Rat abgewiesen, die Rolle des bösen Dämons spielt, der alle ins Verderben zieht, ab: wer sich an Träume wendet, der verliert leicht seine Ehre. Noch einmal betont der Dichter, daß Ha. zuerst die Reise widerraten und nur durch Gernots Vorwurf der Furcht umgestimmt worden ist. Unter Posaunenschall und Flötenklang erfolgt fröhlich der Aufbruch, vom Dichter absichtlich als Gegensatz zu dem schrecklichen Ausgang geschildert, von dem der treue Rumolt noch einmal warnend spricht; seiner Obhut werden Land und Leute befohlen. So ziehen nun die Nibelungen — diesen Namen giebt der Dichter jetzt, wo sie dem sichern Tode entgegen reiten, den burgundischen Helden — unter Ha's treuer Führung durch Franken bis zur Donau. Der Strom ist — gleichsam eine Warnung der Natur — hoch geschwollen; vergebens sehen sich die Recken nach einem Fährmann um. Ha. sieht auch die Unmöglichkeit, eine Furt zu finden; mit finsterm Scherze sagt er: sterben muß ich ja, aber mein Leben ist mir doch zu lieb, um mich in der Donau zu ertränken; ich habe es noch nötig, um in Etzels Land manchen Mann zu töten. Er reitet stromaufwärts, um einen Fährmann zu suchen. Da gewahrt er an einer Quelle Wasserfrauen, die sich baden; vorsichtig schleicht er hinzu und entwendet ihnen ihre abgelegten Gewänder. Gegen deren Rückgabe giebt ihm die eine der Frauen eine Weissagung, die nach Art der Orakel unbestimmt ist; Ha. nimmt sie als glückverheißend und giebt die (Schwanen-) Hemden zurück. Da kündet ihm eine andere, daß ihre Muhme ihn um der Gewänder willen belogen: ihr alle, die ihr zu Etzel reitet, seid dem Tode verfallen, nur des Königs Kaplan kehrt gesund wieder heim. Das ist keine Kunde für meine Herren, antwortet Ha.; wir werden weiterziehen, weiset mir einen Fährmann. Das thun die Frauen; sie raten ihm auch, sich dem Fergen gegenüber für Amelrich, einen Mannen Elses, auszugeben, und warnen ihn vor dem grimmen Mute des Fährmanns. Ha. sieht bald dessen Wohnung auf dem andern Ufer, ruft ihm das „Hol über" zu, indem er sich dem Rate der Wasserweiber gemäß für Amelrich ausgiebt, und bietet ihm Gold. Darauf fährt der Mann herüber, will aber, als er Ha's Lüge gemerkt, weder diesen noch den Zug der Burgunden übersetzen, obschon ihm Ha. noch einmal Gold bietet, schlägt vielmehr mit dem Ruder nach Ha. Da tötet ihn dieser, holt mit vieler Mühe den Kahn wieder, der während des Kampfes davongeschwommen, und fährt ihn, nachdem er auch noch ein von seinen harten Schlägen gebrochenes Ruder mit einem Schildriemen hat zusammenbinden müssen, zu seinen Herren. Als diese den mit des Fergen noch warmem Blute bespritzten Nachen sehen, bestürmen sie Ha. mit Fragen; dieser aber leugnet den Mord des Fährmanns, erzählt auch nichts von der Begegnung mit den Wasserweibern. Nun setzt Ha. selbst, die Rolle des Fergen spielend, nach einander den ganzen Zug über; die Pferde schwimmen, ihrer Geschirre entledigt, glücklich zum andern Ufer. Auf der letzten Fahrt sind — so haben wir uns zu denken — die Könige selbst im Kahne, in ihrer Nähe steht der Kaplan mit seinem gottesdienstlichen Geräte; da faßt Ha., indem er sich an die Worte der Meerweiber erinnert, grimmer Zorn, er schleudert trotz Gernots Dreinreden den Priester ins Wasser und stößt ihn, als er sich ans Boot halten will, mit dem Ruder in die Tiefe. Aber der Unglückliche ertrinkt doch nicht: im half diu gotes hant, und Ha. muß sehen, wie er sich ans andere Ufer rettet und dort seine nassen Kleider schüttelt. Nun hat der grimme Recke die Wahrheit der Prophezeiung erprobt; was er vorher befürchtet, ist ihm zur Gewißheit geworden: niemand wird lebendig heimkehren. Aber auch diese Gewißheit bricht seinen trotzigen Mut nicht; niemand von den Königen teilt er sich mit, ganz allein trägt er das furchtbare Wissen, aber rücksichtslos richtet er seine Thaten darnach ein.

Seinen guten Rat, die Fahrt zu unterlassen, hat man verachtet: er kann das Unabänderliche nicht mehr hindern, aber mit ungebrochenem Trotze sieht er dem Schicksal ins Auge, ja er thut das Seinige, um es herauszufordern und zu beschleunigen. Den Kahn, der die Helden übergesetzt, zertrümmert er nach der letzten Fahrt, indem er als Grund angiebt, kein Zager solle die Möglichkeit haben umzukehren: er weiß, was die Worte bedeuten, mögen die andern dabei denken, was sie wollen.

26. av. Für die weitere Fahrt erbietet sich Volker — diesen Helden bringt jetzt der Dichter absichtlich immer mehr in den Vordergrund — als Führer. Ha. befiehlt den Mannen, von jetzt ab immer gerüstet zu reiten; er teilt ihnen — nicht den Königen und Haupthelden — mit, daß ihm die Meerweiber ihrer aller Untergang geweißsagt: sie werden darob nicht wenig bestürzt. Den Königen gegenüber erklärt er seine Vorsicht mit der Besorgnis vor Gelfrat und Else, den Herren dieses Landes; er läßt sie unter Volkers Führung, der ein rotes Banner entfaltet, vorsichtig voranreiten, er selbst mit seinem Bruder Dankwart führt die Nachhut. Diese wird denn auch, wie Ha. erwartet hat, nächtlicherweile von Gelfrat und Else, die den Tod ihres Fährmannes rächen wollen, angerannt; Ha. wird von Gelfrat beinahe überwunden, Dankwart — auch dieser Held wird von dem Dichter jetzt und in den folgenden Aventiuren mit Absicht hervorgehoben — rettet ihn und erschlägt seinen Bedränger. Da weichen die Feinde; Dankwart verfolgt sie nur kurz und reitet dann den Königen nach. Auf Ha's Rat, der sich hier wie durch die Verschweigung der Prophezeiung voll zarter Rücksicht gegen seine Herren zeigt, bleibt der Kampf während der Nacht Gu. verschwiegen und erst am Morgen, nachdem man trotz der Ermüdung der Mannen die ganze Nacht geritten, sieht Gu. an den blutigen Waffen, daß etwas geschehen, und erfährt von Ha. den Vorgang.

Auf der Weiterreise werden die Recken in Paſſau vom Oheim der Könige, Biſchof Pilgerin, freundlich aufgenommen; auf dem andern Ufer der Donau werden ſie in Zelten bewirtet (wohl weil die Stadt die Menge nicht faßte). Andern Tages geht die Fahrt weiter; an der Grenze von Rüdegers Mark finden ſie einen Helden ſchlafen. Zum Scherze nimmt ihm Ha., der in ihm Eckewart erkennt, im Schlafe die Waffe fort; beſchämt jammert der Held, als er erwacht, da giebt ihm Ha. die Waffe zurück und beſänftigt ihn durch ein koſtbares Geſchenk. Zum Danke warnt ihn Eckewart: Si's Tod iſt noch unvergeſſen. Ha. ſchlägt die Warnung gering an, ſeine nächſte Sorge iſt die um ein Nachtlager für die Fahrtgenoſſen. Da rühmt Eckewart den nahewohnenden Rü.: sîn herze tugende birt alsam der süeze meije daz gras mit bluomen tuot und meldet auf Gu's Bitte die Ankunft der Helden an. Rü. freut ſich ſehr über den Beſuch der Gäſte.

27. av. Nun entrollt der Dichter vor der Schilderung des grauſen Untergangs der Nibelungen in wirkſamem Gegenſatze ein liebliches Bild: noch einmal dürfen die Helden, bevor das finſtere Verhängnis ſie trifft, die Lebensfreude in vollen Zügen genießen, und ſelbſt Ha. ſcheint ob der freundlichen Gegenwart das drohende Unheil zu vergeſſen, nur ſeine Bitte um Nodungs Schild zeigt, daß er ſich ſelbſt nicht betrügt.

Rü. teilt die erhaltene frohe Botſchaft ſeiner Frau Gotelinde und ſeiner Tochter (Dietlind) mit; dieſe ſchmücken ſich zum Empfange der Recken, während Rü. ſelbſt die Vorkehrungen für die Unterkunft der großen Schar trifft. In herrlichem Zuge kommen nun die Frauen vor die Burg und empfangen, wie Rü. geheißen, die Könige wie Ha., Dankw. und Volker mit freundlichem Kuſſe. Vor Ha's finſterem, todesernſtem Geſicht ſchreckt Dietlinds ahnungsloſe Jugend zurück, und nur mit Überwindung erfüllt ſie des Vaters Gebot auch an ihm. Ein fröhlicher Umtrunk wird nun gehalten, dann entfernen sich nach der Sitte die Frauen, nur Gotelind nimmt an dem Mahle der Männer teil. Auf eine Anregung Volkers hin macht Ha. den Vorschlag, Rü's Tochter, deren Schönheit die Herzen aller Männer gewonnen hat, mit König Giselher zu verloben; mit Freuden geben die Eltern (nachdem vorher Rü. bescheiden auf den Standesunterschied aufmerksam gemacht C) ihre Zustimmung, und feierlich wird das noch scheue, zage Mägdlein im Ringe dem jüngsten der Königsbrüder verlobt. Auf der Heimfahrt der Recken soll die Vermählung stattfinden und die Tochter dann mit nach Worms ziehen. 3 Tage freundschaftlichen Verkehres folgen, am 4. teilt Rü. Abschiedsgeschenke aus, Gu. ein herrliches Waffengewand, Gernot ein Schwert, Giselher hatte er ja schon sein Bestes, seine Tochter, gegeben; Gotelind beschenkt die Recken des Gefolges, Volker mit Gold, Dankwart mit kostbaren Gewändern. Was sie Ha. anbietet, will dieser nicht annehmen; er bittet sie vielmehr um einen Schild, den er hat an der Wand hangen sehen. Ohne es zu ahnen, mahnt er Gotelind an bitteres Leid: es ist der Schild Nodungs, ihres einzigen Sohnes, den Witege erschlagen. Gleichwohl beschenkt sie Ha. mit dem kostbaren Andenken. Nach herzlichstem Abschiede von den Frauen geleitet Rü. selbst mit 500 Mann die Gäste seines Königs zur Etzelnburg. — Damit schließt diese Episode, die uns ein getreues und bis in die Einzelheiten genaues Bild ritterlicher Sitte der damaligen Zeit giebt. Man beachte, daß die Frauen, besonders die junge Markgräfin, im Mittelpunkte des Interesses stehen — Ein Bote meldet Etzel und Kri. das Nahen der Gäste; Etzel freut sich arglos, Kri. aber spricht in schrecklicher Rachefreude zu ihren Mannen: swer nemen welle golt, der gedenke mîner leide und wil im immer wesen holt.

28. av. Ganz neue Personen treten uns nun entgegen: Dietrich von Bern mit seinem Waffenmeister

Hilbebrand und seinem Neffen Wolfhart. Sie halten sich an Etzels Hofe auf und kennen vor allem Kri's Absichten. Darum reiten sie den Kommenden entgegen; Dietrich wird von Ha. erkannt, seinen Herren vorgestellt und warnt sie: ist iu daz niht bekant? Kriemhilt noh sêre weinet den helt von Nibelunge lant. Trotzig entgegnet Ha.: Sie mag noch lange weinen, Si. kommt nicht wieder, er ist schon lange begraben. Dietrich wiederholt seine Warnung an Ha.: Trost der Nibelunge, hüte dich. Nun fragt Gu.: Wie ist das möglich? Auf freundschaftliche Einladung kamen wir her. Dietr. erzählt nun den Königen, daß Kri. alle Morgen von neuem um Si. klage. Trotzdem reiten auf Volkers Ermunterung die Burgunden in Etzelnburg ein. Ha., von dem man hier weiß, daß er es ist, der Si. erschlagen, erregt allgemeines Aufsehen: hoch ist er gewachsen, von kräftiger Brust, ergraut ist sein Haar, lang seine Beine, furchtbar sein Antlitz. Die Gäste werden nun beherbergt, das Gesinde unter Dankwarts Aufsicht abgesondert von den Herren. — Es folgt eine Reihe von einzelnen Szenen, die untereinander schlecht verbunden sind und kaum einen klaren Überblick über das Fortschreiten der Handlung zulassen. Einzelne von diesen Bildern sind großartig und trefflich im einzelnen ausgeführt, andere erscheinen mehr als schwächere Wiederholungen derselben Motive. — Kri. empfängt die Herren; sie küßt nur Giselher, da bindet sich Ha. den Helm fester: wir haben niht guoter reise zuo dirre hôhgezît getân. Furchtbar schroff treten nun die Gegensätze hervor im Empfangsgespräche zwischen Kri. und Hagen. Seid Ihr willkommen bem, der Euch lieb hat, nicht mir. Was bringt Ihr mir, daß Ihr mir willkommen sein solltet? Höhnisch erwidert Ha.: Hätte ich gewußt, daß Ihr dergleichen verlangtet, ich hätte Euch von meinem Reichtum etwas mitgebracht. Wo habt Ihr den Nibelungenhort, entgegnet die Königin, den hättet Ihr mir mitbringen sollen. Den hab' ich lange nicht geſehen, ſpricht Ha., der liegt ſicher bis zum jüngſten Tage im Rheine. Gar nichts alſo habt Ihr mir mitgebracht! Den Teufel bringe ich Euch was; an Schild, Panzer und Schwert habe ich vollauf genug zu tragen gehabt. Da gebietet die Königin: Man ſoll keinerlei Waffen mit in den Saal nehmen, ich will ſie Euch verwahren laſſen. Höhniſch verſetzt Ha.: Es wäre zu große Ehre für mich, wenn Ihr, die Königin, meine, eines Mannen, Waffen verwahrtet. Nun merkt Kri., daß die Gäſte gewarnt ſind, und droht dem, der es gethan, den Tod. Zornig bricht nun Dietrich aus: Ich habs gethan, verſuche es doch, mich zu ſtrafen. Da iſt Kri. geſchlagen, und ſie entfernt ſich mit finſtern Blicken auf ihre Feinde. — Nun reden Dietr. und Ha. mit einander; da wird auch Eh. aufmerkſam auf Ha., und als er den Namen des Recken gehört, gedenkt er an ſeinen Freund Aldrian, Ha's Vater, und an die Zeit, wo Ha. mit Walther von Spanien und Hildegunde als Geiſeln an ſeinem Hofe lebten. Alſo wird auch hier vor dem Entbrennen der Feindſchaft geſchickt vom Dichter noch einmal auf alte Freundſchaft hingewieſen.

29. av. Allmählich geht Kri's Haß von Worten zu Thaten über. Ha. ſchreitet mit Volker aus dem Saale und ſetzt ſich mit dem Freunde auf eine Bank vor dem Palaſt. Kri. erblickt ſie vom Fenſter aus und beginnt zu weinen. Ihre Klagen und Verſprechungen bewegen 60 Hunnen, auf die beiden einen Überfall zu verſuchen. Die Zahl hält die Königin, die Ha. nur zu gut kennt, für zu gering; ſie gewinnt bald 400. Um aber gewiſſermaßen ein Recht für den Bruch der Gaſtfreundſchaft zu gewinnen, unternimmt Kri. es zuvor, Ha. zu einem offenen Geſtändnis des an Si. verübten Mordes zu bringen. An der Spitze ihrer Gewaffneten ſchreitet ſie darum in königlichem Schmucke herab; Volker ſieht den Zug und verſteht nicht, was er bedeutet, aber Ha. weiß und ſagt es: das gilt mir. Da gelobt ihm der kühne Spielmann treue Hilfe, und bank-

bar nimmt Ha. die Freundschaft an. Als die Königin nahe kommt, will Volk. vor ihr aufstehen, aber Ha. sagt: was soll ich meiner offenbaren Feindin Ehren erweisen? und scheut sich nicht, die Erbitterte rücksichtslos zu reizen, indem er Balmung, einst Si's Schwert, über seine Kniee legt. Auch Volk. merkt jetzt den Ernst der Lage und zieht seinen „Fiedelbogen" näher an sich. Kri. redet die Recken an: warum seid Ihr, Ha., hierher gekommen, wer hat nach Euch geschickt. Nur aus Pflicht, als Manne meiner Herren bin ich gekommen, versetzt Ha. So geschlagen geht Kri. nun ohne weiteres auf die Hauptsache über: Warum habt Ihr meinen lieben Mann Si. erschlagen? Ja, ich habe es gethan und rühme mich, Brunhild an Euch gerächt zu haben, räche es, wer will. Ihr habt es gehört, ihr Hunnenrecken, bricht nun die Königin aus, nun rächt mich. Aber die Feigen denken an das, was sie von Ha's Thaten gehört, und wagen keinen Angriff. Unverrichteter Sache muß Kri. sich entfernen. So ist durch Volk's und Ha's treues Zusammenhalten, das der Dichter noch durch eine besondere Strophe feiert, die Gefahr noch einmal von Ha. abgewendet; die beiden Recken gehen zu ihren Herren. Nun stellen sich auf Volk's Rat Könige und Mannen Etzel vor; in Paaren, voran Dietrich und Gunther, gehen sie zu Hofe. Der König empfängt sie aufs freundlichste und bewirtet sie mit kostbarem Trunk und Mahl.

30. av. Nach dem Bankette suchen die Fremden ihr Nachtlager auf; bei der Gelegenheit fährt Volk. einige sich neugierig anbrängende Hunnen barsch an. Kri. hat den Gästen in einem großen Saale die prächtigsten Betten aufschlagen lassen; aber alle Pracht kann die büstern Ahnungen nicht verscheuchen: Giselher — bezeichnende Steigerung — spricht sie aus. Da erbietet sich Ha., die Nacht über zu wachen, und als die Könige das Anerbieten mit Dank annehmen, verspricht Volk., Ha's Genosse zu sein. Ha. spricht

seine Freude darüber aus, und beide gehen gewaffnet als treue Hüter ihrer Könige vor die Thüre. Volk. spielt mit seiner Fiebel die Ruhenden in Schlaf. Die Vorsicht der Freunde erweist sich als wohl angebracht: mitten in der Nacht sieht auf einmal Volk. einen Helm blitzen, Kri. hat einen nächtlichen Überfall geplant; als aber die Hunnen die Recken gewahren, kehren sie wie am Tage wieder um, ohne einen Angriff zu wagen. Volk's Ungestüm, der seinerseits vordringen will, hält Ha. kühl überlegend zurück; da ruft Volk. wenigstens die Gewaffneten an, um ihnen zu zeigen, daß man sie gesehen, aber niemand antwortet. Zornig erfährt Kri. das Mißlingen ihres zweiten Anschlages.

31. av. Des Morgens weckt Ha. die Schläfer; es läutet zur Messe. Auf Ha's Rat rüsten sich die Recken alle völlig, und Ha. empfiehlt ihnen Gott zu beichten, sie würden nie mehr eine Messe hören. Christen und Heiden gehen zusammen zur Kirche (die sungen ungeliche kann sich der Dichter nicht enthalten zu bemerken), Etzel kommt mit Kri.. Verwundert fragt er, weshalb die Gäste gewaffnet kämen, ob ihnen jemand ein Leid gethan. Nein, antwortet Ha., es ist nur Sitte meiner Herren, an allen Festen drei Tage lang Waffen zu tragen. Kri., die natürlich die Lüge durchschaut, wagt es doch nicht Ha. Lügen zu strafen. Dem Kämmerer der Königin zum Ärger treten Ha. und Volk. auch vor dieser nicht zurück, aber niemand wagt es, die beiden durch Wort oder gar That zu kränken. Nach dem Gottesdienste wird vor den zum Fenster hinausschauenden Frauen ein großes Turnier abgehalten. Vorsichtig — im Stillen hat sich eine gereizte Stimmung weit verbreitet — verbietet Dietr. seinen Mannen, gegen die der Burgunden zu reiten; so stehen im Kampfspiele — einem Vorbilde des Kommenden — die Hunnen unter Bloedel und andern Recken den Burgunden allein gegenüber. Volk. ärgert sich über einen auffallend geschmückten

Hunnen und rennt ihm den Speer durch den Leib. Da erheben die Verwandten des Gefallenen laute Klage, aber mit einer Thatkraft, die man ihm nach der bisherigen Schilderung gar nicht zutrauen sollte, greift Eh. selbst ein; er reißt einem der auf die Burgunden anstürmenden Hunnen das Schwert aus der Hand, schlägt auf die andern ein und sagt, er habe selbst gesehen, daß Volk's Pferd gestrauchelt sei und darum der Stoß so unglücklich getroffen habe: ir müezet mîne geste vride lâzen hân. So bändigt er die Aufregung noch einmal, und man geht zu Tische. — Während so von Seiten Ehels die Sache der Burgunden vertreten wird, geht Kri. in Sorge um ihren Mordplan umher und sucht sich Werkzeuge zu gewinnen. Als sie Dietr. um seinen Beistand angeht, weigert sich erst Hildebrand, dann Dietr. selbst, irgend etwas gegen die Fremden zu unternehmen. Sie wendet sich dann an Bloedel; dieser aber scheut sich vor seines Bruders eben erst so deutlich gezeigter freundlicher Gesinnung gegen die Helden; erst als Kri. ihm Nodunks Weib und Mark verheißt, sagt er zu. Unterdes läßt Eh. bei Tische, wo auch Kri. wieder erschienen ist, seinen Sohn Ortlieb heranbringen, zeigt ihn stolz seinen Schwägern und bittet sie, ihn auf der Heimreise zu guter Erziehung mit nach Worms zu nehmen; Ha. aber, dem alles verhaßt ist, was von Kri. kommt, erklärt, natürlich um die anwesende Königin zu kränken, das Kind für schwächlich und glaubt nicht, daß es zum Manne heranwachsen werde. Eh. ist natürlich sehr verstimmt über diese Unhöflichkeit.

32. av. Aber es kommt noch schlimmer. Während die Könige bei Tische sitzen, ist Bloedel, dem Auftrage seiner Schwägerin getreu, mit 1000 Mannen vor die Herberge gezogen, wo Dankwart bei den burgundischen Knechten weilt. Er kündet dem Recken Fehde an, er wolle Si's Mord an ihm rächen. Höhnisch bittet Dankw. um Frieden mit der Begründung: er sei noch ein junger Knappe ge-

wesen, als Si. getötet worden sei. Bloedel aber geht auf die Ausrede nicht ein; da springt Dankw. schnell hervor und schlägt ihm das Haupt ab. Damit ist der Kampf entfesselt: mit Waffen und Schemeln wird gestritten, endlich werden von der Übermacht der in immer neuen Scharen anrückenden Hunnen die 9000 Knechte und 12 Ritter Dankw's erschlagen. Dankw. allein kämpft sich mit unwiderstehlicher Tapferkeit bis zum Palaste durch, schlägt auch die Truchsessen und Diener nieder, die sich dem blutbedeckten Kämpen auf der Treppe entgegenstellen, und stürmt so, wie er ist, in den Bankettsaal.

33. av. Damit beginnt der große letzte Akt der Tragödie: offen bricht die Feindschaft hervor, und nun führt ein Ereignis nach dem andern, lückenlos verkettet, den Untergang der Nibelungen herbei. — Riter unde knehte sint in der herbergen tôt ruft Dankwart blutbesubelt hereinstürmend seinem Bruder Ha. zu: Bloedel mit seinen Mannen hats gethan, er hats mit seinem Leben büßen müssen. Starr vor Entsetzen sitzen die Gäste, Ha. allein erfaßt sogleich die Lage. Hüte die Thüre, laß keinen Hunnen hinaus, befiehlt er seinem Bruder. Ich weiß längst, daß Kri. ihr altes Leid rächen will: nu trinken wir die minne und gelten's küneges wîn: laßt uns auf das Gedächtnis des Toten (Si's) trinken, indem wir ein Blutbad anrichten, und König Etzels Wein bezahlen. Zugleich schlägt er dem jungen Ortlieb das Haupt ab, so daß es der Mutter in den Schoß fällt, dann tötet er den Erzieher des Prinzen. Darnach schlägt er dem Spielmanne Werbel als dem Boten Kri's die rechte Hand ab. Und weiter wütet er gegen die Hunnen, mit ihm Volk. und auch die drei Könige, die erst Ha's Wutausbruch nicht recht begriffen, nun aber ihrem Mannen zu Hilfe kommen. Giselher giebt der Dichter hier die Krone der Tapferkeit. Nun wird auch draußen der Lärm gehört, und Hunnen versuchen einzudringen; so hat Dankw. einen schweren Stand. Auf Ha's Bitte springt Volk.

ihm bei; er verteidigt die Thüre von innen, Dankw. von außen. In dem Getümmel sitzt Etzel ratlos; Kri. bittet Dietr., der unthätig dem Kampfe zusieht, um Schutz für sich, und Dietr. kann ihr das nicht abschlagen. Er springt auf einen Tisch, und auf sein Rufen heißt Gu. die Burgunden den Kampf einstellen. Die Könige machen nun ab, daß Dietr. mit seinen Mannen ungeschädigt den Saal verlassen soll; der Berner nimmt darauf Etzel und Kri. unter seinen Schutz. Ebenso erhält Rü. für sich und die Seinen freien Abzug. So räumt ein großer Teil der Bankettgenossen den Saal; der scharfen Aufsicht Volk's verfällt ein Hunne, der mit entwischen wollte. Sein Haupt fällt Etzel vor die Füße; da legt der Dichter dem Könige Worte angstvoller Bewunderung für Volk., dessen glänzende Eigenschaften in diesem Teile des Epos absichtlich besonders hervorgehoben werden, in den Mund und läßt ihn den Vergleich des kämpfenden und singenden Spielmanns im einzelnen ausführen. Dasselbe thun in einigen Strophen Gu. und Ha.

34. av. Als alle Hunnen im Saale erschlagen sind, werden auf Giselhers Vorschlag die Toten und Verwundeten vor die Thüre getragen. Auf Volk's Höhnen wagt ein hunnischer Markgraf den Versuch, einen seiner Verwandten, der verwundet unter den Leichen lag, davonzutragen, wird aber von Volk. mitleidlos getötet. Der Spielmann bringt weiter Entsetzen unter die den Saal umlagernden Hunnen, indem er einen von ihnen geschleuderten Speer auffängt und weit über sie hinwegschießt. Ha. verhöhnt Etz. wegen seiner Unthätigkeit, bis der König sich wappnet und in den Kampf eilen will; mit Mühe halten ihn die Seinen zurück. Ha. höhnt von neuem, indem er Etz. mit Si. vergleicht: Kri., die diese Anzüglichkeit besonders aufstachelt, bietet nun dem, der ihr Ha's Haupt brächte, Etz's Schild voll Gold, Burgen und Länder

zum Lohne. Niemand wagt den Kampf, und wieder höhnt Volker.

35. av. Da springt der Markgraf J r i n g von Dänemark zum Kampfe gegen Ha. vor. H a w a r t, J r n f r i d und 1000 Recken wollen ihm beistehen, er aber fordert Ha. zum Einzelkampf, und dieser geht auf die Herausforderung ein. Der Reihe nach läuft — die ganze Erzählung ist voll plastischer Bilder — nun Jring Ha., Volk., Gu., Gern. und Giselh. an; alle schlagen ihn ab, ja Giselh. streckt den Kühnen mit einem gewaltigen Schlage zu Boden. Trotzdem greift dieser, wieder zur Besinnung gekommen, Ha. von neuem an, und es gelingt ihm, diesem mit seinem Schwerte Waske eine Wunde zu schlagen; da treibt ihn Ha. mit wütenden Hieben die Stiege hinab, muß ihn aber doch unverwundet entkommen lassen. Kri. selbst empfängt den ermüdeten Recken und nimmt ihm den Schild ab; nach kurzer Erholung versucht er auf Ha's Höhnen den Kampf von neuem. Nach hartem Streiten schießt ihm Ha. einen Speer durchs Haupt: Jring stirbt unter den Händen seiner Freunde, Kri. beklagt ihn laut. Des Freundes Tod zu rächen stürmen nun Jrnfrid und Hawart mit ihren Mannen gegen die Burgunden: Volk. erschlägt Jrnfrid, Ha. Hawart, die Mannen fallen unter den Streichen der Burgunden. Dann tritt im Saale Todesruhe ein, das Blut der Erschlagenen fließt in Strömen durch die Abflußrinnen: draußen klagen Etz. und Kri. um ihre Toten.

36. av. Nach kurzer Ruhe für die Burgunden entsendet Etz. eine neue gewaltige Schar gegen seine Gäste; bis zum Abend werden auch diese Hunnen erschlagen. Auf Bitte der Burgunden gewährt ihnen Etz. eine Unterredung; man hält sich beiderseits die geschehenen Mordthaten vor: Etz. den Tod seines Sohnes und ungezählter Mannen, Gu. die Ermordung der Knechte in der Herberge. Eine Versöhnung ist unmöglich; da bietet Gernot den Kampf

in offener Feldschlacht an. Die Hunnen wollen darauf eingehen, aber Kri. rät ihnen warnend ab. Nun entwickelt sich eine großartige Szene: mit rührenden Worten hält Giselh. der Schwester seine treue Liebe zu ihr und seine Unschuld vor, aber harten Herzens entgegnet Kri: mir hât von Tronege Hagene sô grôziu leit getân, ir müezet's alle engelden. Dennoch schlägt sie vor, ihr Ha. als Geisel zu geben, dann sollten die andern als ihre Verwandten das Leben behalten. Da aber zeigen Gu. und Giselh., daß sie Ha's Vasallentreue mit gleicher Königstreue vergelten, und weisen hochherzig Kri's Vorschlag ab, auch Dankw. bekennt sich treu zu seinem Bruder. Nun läßt Kri. den Kampf aufs neue eröffnen; durch die Schläge und Schüsse der Übermacht werden die Burgunden in den Saal zurückgetrieben und dann der Bau an vier Ecken angezündet. Fürchterlich setzen Hitze und Qualm den Eingeschlossenen zu, bald wird der Durst unerträglich. Da rät — ein dämonisch furchtbarer Zug — Ha. den Gequälten das Blut der Erschlagenen zu trinken, und sie thun, wie er geheißen. Mit den Schilden muß man sich gegen die von oben herabfallenden Feuerbrände schützen, unten werden sie mit Blut gelöscht. Endlich verrät ein kühlender Lufthauch, daß der Morgen anbricht. Draußen glauben alle, daß niemand von den Fremden die Nacht überstanden habe: zu Kri's großem Zorne zeigt aber das Licht des Tages, daß der grausame Plan mißlungen ist. Von neuem bietet Kri. Gold und Schätze; von neuem entbrennt der Kampf.

37. av. In all diese Greuelszenen verwebt nun der Dichter die Schilderung eines tragischen Konfliktes, der gleich erhebend wie mitleiderregend zu den bestgelungenen Teilen des Liedes gehört. — Mit dem Morgen kommt, wie das seine Vasallenpflicht erheischt, Rüdeger an den Hof und erfährt, was tags zuvor und nächtlicherweile geschehen. Aufs tiefste betrübt, sendet er Botschaft an Dieterich, der sich gleich ihm neutral zurückgehalten hat,

muß aber von diesem erfahren, daß Etz. entschlossen sei, niemand lebendig entkommen zu lassen. Weinend steht er da; als aber ein Hunne ihm höhnend Feigheit vorwirft, schlägt er ihn vor des Königs Augen mit der Faust zu Boden. Etz. klagt darüber, daß er ihm so diene, Rü. aber antwortet ironisch. Da redet Kri. auf ihn ein und mahnt ihn an den Ruf seiner Vasallentreue und im besonderen an den Eid, den er ihr zu Worms geschworen. Aber Rü. entgegnet: Ehre und Leben habe ich Dir geweiht, nicht meine Seele, meine Rechtlichkeit; ich habe die Burgunden hierher geleitet (wie dürfte ich ihnen hier nach dem Leben trachten?). Da werfen sich König und Königin ihm zu Füßen und flehen um seinen Beistand. Rü. aber klagt in rührenden Worten die schreckliche Lage: meine Ehre ist dahin; wofür ich mich auch entscheide, immer muß ich übel thun. Herr König, nehmt Land und Burgen wieder; entlaßt mich meiner Pflicht, zu Fuße wie ein Bettler will ich in die Verbannung wandern. Etz. aber entgegnet: was hülfe mir das? und bietet ihm Land und Burgen zu eigen, daß er ein König sei wie Etz. selbst. Ich kann und darf Dir nicht gehorchen, klagt Rü. hingegen, ich habe die Fremden in meinem Hause bewirtet, habe Freundschaft mit ihnen geschlossen und Giselher meine Tochter verlobt. Von neuem fleht Kri.; da entschließt sich der Held gebrochenen Herzens: ich gehorche Euch, aber es wird mein Tod sein, ich befehle Weib und Kind Eurer Gnade. Nun dankt ihm Etz.; Rü. aber geht traurigen Mutes zu seinen Mannen und heißt sie sich wappnen. Mit 500 Kämpfern zieht er vor den Saal der Burgunden. Als ihn Gis. kommen sieht, spricht er — tragische Jronie — seine Freude und Hoffnung auf eine Wendung zum Guten aus; Volk. aber weist ernst auf die Waffen der Anrückenden. Und Rü. kommt, setzt seinen Schild vor den Fuß und kündigt den Burgunden mit Worten, die die Schwere seines Entschlusses andeuten, die Freundschaft. Nun wechselt Rede und Gegenrede zwischen Rü. und den drei Königen; aber — man beachte die Steigerung — weder Gu's Vorhaltungen, noch Gernots Todesdrohung, noch die trotz Rü's Bitte von Gis. für den Fall, daß Rüd. einen seiner Verwandten erschlage, erklärte Aufhebung der Verlobung vermögen den Recken in seiner nun fest übernommenen Pflicht wankend zu machen. Noch einmal fällt ein versöhnender Lichtstrahl auf das Dunkel der Pflichtverwirrung. Auf Ha's Anregung tauschen die Helden vor dem Todesgange zum letzten Male Zeichen der Freundschaft: mit Thränen in den Augen und dankenden Worten, die Rü's Trefflichkeit und Güte voll anerkennen, empfängt Ha. von dem Markgrafen dessen Schild für seinen zerhauenen, den ihm einst Gotelind gegeben, dafür gelobt Ha. Rü., ihn nicht zu berühren, wenn er auch alle Burgunden erschlüge. Volk. zeigt Rü. die Armringe, die ihm Gotelind geschenkt, und bittet ihn, wenn er heimkomme, seiner Gattin zu melden, daß er sie in diesem Todeskampfe getragen. Rü. sagt das zu, auch Volk. verspricht darauf, nicht gegen ihn zu kämpfen. Gu und Gern. eröffnen nun den Kampf gegen die anstürmenden Mannen Rü's; Ha., Volk. und Gis. weichen Rü. aus. Heftig wogt der Streit, Rü's Stärke thut den Burgunden viel Schaden. Das kann Gern. nicht länger mit ansehen, er wendet sich gegen Rü. Mit ihren scharfen Schwertern hauen die Helden auf einander ein; endlich schlägt Rü. Gernot durch den Helm ins Haupt, aber todwund giebt auch der Burgundenkönig mit dem ihm in Bechelaren von Rü. geschenkten Schwerte diesem den Todesstreich. In Leid und Zorn über der beiden edlen Recken Tod erschlagen nun die Überlebenden Rü's Gefolge bis auf den letzten Mann, dann ruhen sie sich aus und kühlen die heißgewordenen Rüstungen.

Die tiefe Stille, welche im Saale herrscht, bringt die argwöhnische Kri. auf den Verdacht, Rü. habe sich mit den Burgunden versöhnt und wolle ihnen zum Entkommen verhelfen; aber Volk. klärt sie mit schroffen Worten auf: wenn ich eine so ebel geborene Frau der Lüge zu zeihen wagen dürfte, so würde ich sagen, Ihr habt teuflisch über Rü. gelogen, er hat Euch bis zum Tode treu gedient. Und zur Bestätigung von Volk's Worten trägt man gerade Rü's Leiche heraus. Da erhebt sich ein Wehklagen, wie es kein Schreiber beschreiben kann: Etz. und Kri. jammern um den „Vater aller Tugenden."

38. av. Von dem lauten Wehklagen hört Dietr. und sendet Helfrich (nicht den ungestümen Wolfhart) nach Kunde von dem Geschehenen. Dieser meldet ihm weinend Rü's Tod. Dietr. begreift nicht, wie das hat geschehen können, weist Wolfh., der den Burgunden dafür den Tod droht, in seine Schranken und sendet Hild., nach der Ursache des Unglücks zu fragen. Hild. will ohne Waffen gehen, aber Wolfh. beredet ihn sich zu rüsten, ebenso thun Dietr's sämtliche Recken und Hild. erlaubt ihnen mit ihm zu gehen. Volk. sieht sie kommen und versieht sich nichts Gutes von ihnen. Hild. fragt nach Rü., klagend giebt ihm Ha. Auskunft. Da weinen auch alle Berner um Rü. Hild. bittet um seine Leiche, Gu. gewährt auch die Auslieferung; da reizt Wolfh. durch seine vorlaute Weise Volk., und dieser sagt unmutig: holt ihn Euch selbst aus dem Saale. Durch Rede und Antwort reizen sich die beiden Helden, bis Wolfh. gegen Volk. anspringen will. Scheltend hält ihn sein Oheim Hild. zurück. Aber Wolfh. läßt sich nicht halten, er stürmt auf Volk. ein, da wird auch Hild. zum Kampfe fortgerissen, er läuft Ha. an. So entspinnt sich ein wütendes Handgemenge; endlich erschlägt Volk. Sigestab, darauf tötet Hild. Volk. Durch den Tod seines „besten Heergesellen" ist nun Ha. aufs äußerste gereizt und bringt wütend auf Hild. ein. Wolfh. und Gis. erschlagen sich gegenseitig; alle Mannen Dietr's und der Burgunden fallen. Hild. versucht den todwunden, aber noch im Sterben sich seiner Großthaten rühmenden Wolfh.

davonzutragen: da greift Ha. ihn an, um Volk's Tod an ihm zu rächen, verwundet muß der Alte zu seinem Herrn entfliehen. Im Saale sind Gu. und Ha. die einzigen Lebenden; von Dietr's Mannen kehrt Hild. allein zurück. Mit Entsetzen hört Dietr. von ihm die Trauerbotschaften; laut klagt er um Rü. und die andern Gefallenen.

39. av. Dann waffnet auch er sich und geht auf den Kampfplatz. Betrübten Mutes klagt er Gu. und Ha. des Geschehenen an, Ha. und Gu. entschuldigen sich, daß Wolfh. durch sein Schelten den Kampf entfesselt. Dietr. verlangt, daß die beiden Helden sich ihm zu Geiseln ergeben, und verspricht ihnen Treue und Schutz gegen die Hunnen. Ha. schlägt das ab. Von neuem erbietet sich Dietr. die Helden sicher heimzugeleiten. Wieder weigert Ha. die Ergebung. Seine Worte reizen Hild.; es entspinnt sich ein Wortstreit, dem Dietr. ein Ende macht mit den Worten: daz enzimt niht helede lîp, daz sie suln scelten sam diu alten wîp.

Dietr. fordert nun die beiden zum Einzelkampfe; sie nehmen an. Er schlägt erst Ha. eine tiefe Wunde und bindet ihn dann; er bringt ihn zu Kri., die ihm laut dankt. Ebenso ergeht es Gu. Dietr. verwendet sich für beide bei der Königin, sie verspricht ihm Schonung. Sie läßt beide gesondert in Ketten legen. Dann geht sie zu Ha.. Mit zweideutigen Worten (welt ir mir geben widere, daz ir mir habt genomen) verspricht sie ihm Leben und sichere Rückkehr; Ha. aber bezieht ihre Bedingung auf den Nibelungenhort und sagt, er dürfe ihn nicht verraten, so lange einer seiner Herren lebe. Da läßt Kri. dem einzig überlebenden Bruder das Haupt abschlagen und trägt es bei den Haaren vor Ha. Aber zornig versetzt Ha.: Du hast es nun nach Deinem Willen zu Ende gebracht, tot ist der König, tot Gis. und Gern.; den scaz den weiz nu niemen wan got unde mîn, der sol dich vâlandinne immer wol verholen sîn. Da schlägt ihm Kri. mit Si's Schwerte das Haupt ab. Diese That entrüstet selbst Etzel, und Hild., zornig über den Bruch des seinem Herrn gegebenen Versprechens, haut Kri. in Stücken. Mit wehmutsvollem Rückblick schließt das Werk: hie hât daz maere ein ende, ditze ist der Nibelunge nôt (liet C).

Anmerkungen.

Str. 2. Mit sicherem poetischem Takte führt der Dichter — im Gegensatz zu den ältern und andern Bearbeitungen — Kriemhild vor Siegfried ein, weil sie das ganze Gedicht beherrscht, Siegfried nur in der ersten Hälfte auftritt, und weil der Beginn der eigentlichen Erzählung sich nachher bequemer an Si. als an Kri. anschließt.

— mhd. in Burgonden Name des Volkes „unter den Burgundern"; diese Völkernamen sind vielfach nachher Ländernamen geworden, „Preußen, Bayern, Sachsen".

— Man beachte die namentlich zu Beginn des Gedichtes häufigen kurzen Prophezeiungen wie: darumbe muosen degene vil verliesen den lîp 2_4 si frumten starkiu wunder sît in Etzelen lant 5_4 si sturben jaemerlîche sint von zweier edelen frouwen nît 6_4 durch sîn eines sterben starp vil maneger muoter kint 19_4 u. s. w. Sie sind ein Mittel naiver epischer Poesie (z. B. auch bei Homer), um die Spannung des Zuhörers, dem die Einleitung und auch spätere Teile nicht genug Teilnahme abgewannen, wachzuhalten.

$4=3$. Man beachte die Alliteration der Namen; sie ist wie die Gleichheit ganzer Namensteile ein wichtiger Beweis für die Zusammengehörigkeit der Personen in der Sage. So steht neben Sigurd die Sigurdrifa, neben Gunther Gudrun (= Gundrun), so gehören Siegmund, Sieglind und Siegfried eng zusammen.

$8=9$. Hagen von Tronege, aus Troja (vgl. zu 20), wie der Waltharius manufortis bezeugt. Die spätere Sage machte aus Troja Tronia (Kirchheim im Elsaß), als man überhaupt die Sage um den Rhein lokalisierte, Si. zum Könige von Niederland machte, Volker aus Alzey (Pfalz), Ortwin aus Metz stammen ließ.

14 = 13. Die Vergleichung des Geliebten mit dem Falken ist ein von den ritterlichen Minnesängern aufgebrachtes und bald allgemein beliebtes Bild. Der Falke hat den Habicht und Hirsch der nordischen Sage verdrängt. — Denn der Traum der Königstochter findet sich auch hier schon (Völf. Sag. c. 25), freilich ohne die künstlerisch höchst bedeutsame Verwebung in die Komposition. — Zu beachten ist, daß Utes Antwort sich nur auf den ersten, glückverheißenden Teil des Traumes bezieht, vgl. Wilmanns a. a. O. S. 90, der freilich aus dem Umstande zu weit gehende Folgerungen zieht, da Kri. gleich darauf die trübe Seite betont. Utes beruhigende Antwort ist der traurigen Stimmung ihrer Tochter gegenüber psychologisch vollkommen berechtigt.

15 = 14. Kri. spricht diese Strophe, ohne daß der Dichter es angiebt. Überhaupt „spielt das Gespräch, die direkte Rede der handelnden Personen, in unserm Epos eine große Rolle; durch den strophischen Bau wird es belebt; hierin zeigt sich eine gewisse dramatische Kunst des Dichters", v. Muth, Einleitung S. 358. Man vergleiche den Zank der Helden bei Si's Eintritt in Worms, den Streit der Königinnen, das Gespräch zwischen Kri. und Ha. auf Etzelnburg u. a. m.

20 = 19. Die ganze Erzählung von Si's Jugend in sicherem Elternhause und von seiner Schwertleite ist sehr jung, vielleicht erst vom Dichter unsers Liedes als Parallele zu Kri's Jugend ersonnen; in der alten Sage teilt Si. das Geschick andrer großer Helden (Herkules, Achilles), kein Elternhaus zu haben und in harter Lehre bei fremden Meistern gebildet zu werden. Die Einführung dieser Erzählung erstreckt aber ihre Konsequenzen so weit über das Gedicht, daß Wilmanns a. a. O. S. 88 in diesem Punkte mit Recht einen Hauptbeweis für die Einheitlichkeit der Dichtung, wenigstens des ersten Teiles, erblickt.

20 = 19₄. Xanten, castra vetera, dann colonia Traiana der Römer, war seit etwa 450 Hauptstadt der ripuarischen Franken. Der schon vor dem Jahre 1000 gehenden Sage nach, die Traiana zu Troiana machte, war es von flüchtigen Trojanern gegründet worden, und von seinen Bürgern sollten die Franken abstammen. Wilmanns Annolied S. 107 ff. Zarncke, Die Troja-Sage der Franken. Der Name Santen, Xanten kommt her von der christlichen Bezeichnung ad sanctos.

88 = 87. Man beachte, daß Ha. weder von Xanten noch von Siegmund etwas sagt; er kennt Si. nur als den Helden (aus Niederland [späterer Zusatz?]), der den Drachen erschlagen und den Nibelungenschatz gewonnen. Also — es treten im Gedichte zwei Versionen, eine jüngere und eine ältere, über Si's

Jugend **unvermittelt** nebeneinander. Zum Überfluß wird in Str. 746 = 739 = 682 Si's Wohnsitz nach Norwegen verlegt. — Ebenso ist die Gewinnung des Hortes hier und in av. 8 nicht gleich erzählt, vgl. Anm. zu 493.

101 = 100. Diese Erzählung von Si's **Unverwundbarkeit**, ergänzt durch Str. 906 = 899 = 842 ff., ist ein ganz junger Zug der Sage (vgl. Z. f. d. A. XXI. 182 f.); er findet sich zuerst im N.-L., noch nicht im Biterolf. Darum muß auch die mythische Parallele zwischen Si. und Achilles abgewiesen werden.

107 = 106. Die **Ablenkung**, welche die folgenden Strophen enthalten, indem Si. seine Absicht auf Kri. ganz hinter seiner Kampfeslust zurücktreten läßt, entspricht dem Geschmacke der Zeit des Dichters. Damals zogen die Ritter umher, um mit den Kühnsten, von denen sie gehört, den Zweikampf zu wagen. Nun wäre es ganz folgerichtig, wenn Si. als Preis des Sieges gleich Kri. zur Gattin verlangte; aber die Erwerbung Kri's hatte der Dichter in seinem Plane schon anders motiviert, darum setzt er statt ihrer das Burgundenland als Preis. Aber auch dessen wirkliche Eroberung durch Si. hätte ihm für später die Situation zu sehr verschoben; darum läßt er das ganze Motiv wieder fallen, indem er im letzten Augenblicke Si. sich seiner Hauptaufgabe wieder bewußt werden läßt.

122 = 121. Die hier entstandene **Verstimmung Ha's gegen Si.** wird weiterhin nicht mehr berührt, man müßte denn etwa Ha's Weigerung, Kri. als Vasalle nach Niederland zu begleiten (698 = 643 f.), in diesen Zusammenhang ziehen. So läßt der Dichter ein wichtiges psychologisches Motiv einfach fallen.

200 ff. Man beachte in der folgenden Kampfbeschreibung die zahlreichen **Alliterationen**, hörbare Anklänge an **ältere** ähnliche Schilderungen.

288 = 286/5. Sam er entworfen waere an ein permint. Man sieht, wie der Dichter auch im Bilde seiner Zeit treu bleibt. Wie er die alte Sage zu einer — für seine Zeit — modernen Erzählung verwandelt, die riesenhaften Recken zu Rittern, ihre Abenteuer zu Turnierfahrten macht, wie er Heidnisches christlich wendet, so verrät er in dem Vergleiche den Geschmack seiner Zeit. Für uns sind diese Pergamentbilder ein Muster von Steifheit und Manier, für ihn das Schönste, dem er seinen schönsten Helden vergleicht.

294 = 292/1. Kri **grüßt den Helden zuerst** nach höfischer Sitte; erst nach dem Gruße der Dame durfte der Ritter grüßen. Ähnlich ist die Sitte noch in Amerika.

315 = 313/2. Nach den Erfolgen des Sachsenkrieges hat also Si. völlig die Stelle des Vertrauten eingenommen; vorher (155 = 4/3) mußte Si. fragen, jetzt kommt Gu. sofort zu ihm. Hagen ist also schon völlig aus seinem alten Einflusse verdrängt. Beginn seiner Eifersucht.

420 = 411 = 394. Wie in Worms Ha., so erkennt hier einer der Mannen Bru's den kühnen Recken Si.. Natürlich denkt nun Bru., er sei gekommen, um sie zu werben. Das hat Si. vorausgesehen und deshalb den **Vorwand** seines **Vasallentums** ausgesonnen; nur diese Rolle ermöglicht es ihm, so zurückzutreten, daß er unbemerkt Gu. beistehen kann. — Sehr hübsch ist im Folgenden die stolze Freude Bru's geschildert, mit dem berühmtesten Helden kämpfen zu können.

623 = 618 = 572. Daß Bru. gerade jetzt **weint**, ist durch die Angaben des Liedes nicht genügend erklärt; der Ärger über die Mißheirat ihrer Schwägerin ist nicht Grund genug zu Thränen an diesem Feste. Der Dichter folgt mit dieser Szene der alten Sage, nach der Bru. die Liebe zu ihrem einstigen Verlobten nicht vergessen hat und nun weint, weil er sich einer andern vermählt. Freilich hat er, um die Gestalt Si's von dem Vorwurfe des Treubruchs rein zu erhalten, sonst (7. av.) alles vermieden, was auf eine frühere Bekanntschaft Si's mit Bru. hinweist, und macht auch nirgendwo Andeutungen über Bru's Liebe zu Si.; nur diese wirksame und schöne Szene hat er aus der ältern Sage herübergenommen, ohne sie freilich genügend motivieren zu können.

629 = 624 = 578. Daß der Dichter Bru. Gu. nicht recht glauben läßt, ist sehr natürlich. Für Bru. mußte, auch nachdem sie wußte, daß Si. König in Niederland sei, nachdem durch die wechselseitige Namengebung der Söhne der gleiche Rang Gu's und Si's deutlich bezeugt war, die quälende Frage bleiben: warum hat sich denn Si. in Island als Gu's Mann eingeführt? Weil Gu. ihr begreiflicherweise — es würde ja sonst seine Schwäche an den Tag kommen — darüber keine Auskunft giebt, ist und bleibt sie argwöhnisch.

493 = 487 = 451 ff. Gerade diese Erzählung, die freilich von den meisten Gelehrten als „unecht" betrachtet wird, ist lehrreich für die Erkenntnis der sichern **Kompositionsgabe** des Dichters „Zugefügt", wie die Lachmannianer behaupten, ist sie allerdings, aber zugefügt von dem Dichter, der den Plan seines Werkes sicher und klar vor Augen stehen hatte. Daß in einem Gedichte, in dem Si. vorkam, für das Volk, das die Sagen kannte, der Drachenkampf und die Gewinnung des Nibelungenhortes nicht fehlen durften, verstand sich für einen

Dichter, der einigermaßen mit der Empfindung des Volkes vertraut war, von selbst. Andrerseits fand sich in dem großen Drama, dessen Plan der Dichter gefaßt, schwer ein Platz dafür. Nachdem der Dichter einmal Si. zu dem höfisch erzogenen Königssohne gemacht und die Annäherung an Kri. so konzipiert, wie wir sie im N.-L. lesen, hätte die Erzählung vom Drachenkampfe 2c. an der Stelle, die ihr episch gebührte, zwischen der Schwertleite und der Fahrt nach Worms, allzusehr das Interesse von der Bekanntschaft Si's mit der schon umständlich eingeführten Kri. abgelenkt. Eine andere Möglichkeit, etwa Si. selbst in Worms vor Kri. seine Thaten erzählen zu lassen, paßte schlecht zu Si's bescheidenem, von jeder Ruhmredigkeit freiem Charakter. Darum erzählt Ha. bei Si's Ankunft in Worms kurz das Wichtigste über beide Thaten. Für den Kampf mit dem Drachen, auf den nur einmal später (Siegfr. Verwundbarkeit) zurückgegriffen wird, genügte das; nicht so scheint der Dichter über den Nibelungenhort gedacht zu haben. Dieser spielt später noch eine Rolle (ganz abgesehen von dem im N.-L. zwar nie ausgesprochenen [nur einmal von Alberich (1133 = 1120 = 1060) angedeuteten], aber doch an den einzelnen Personen sich bestätigenden Glauben, daß sein Besitzer dem Tode verfallen sei); darum erzählt Ha. ausführlicher von ihm, als vom Drachenkampfe, darum wird hier mit einer allerdings schwachen, aber für einen harmlosen Leser ausreichenden Motivierung (Schutz Gu's auf dem Isenstein) die Fahrt Si's nach dem Nibelungenlande eingeschoben. Daß diese Einschiebung nach einem festen Plane erfolgt ist, zeigt die völlige Umarbeitung der älteren Erzählung (s. u. S. 75), von der nur die Personen und äußern Ereignisse festgehalten werden. Si's ganzes Thun ist nur ein Scheinthun; von der Verstellung als wegemüder Wanderer bis zur Besiegung Alberichs ist alles gewissermaßen ein Scherz, eine Mummerei Si's, deren der Dichter bedurfte, um die sagenhaften Kämpfe mit Riesen und Zwergen erzählen zu können. Wäre Si. in seiner wahren Gestalt, als Herr des Landes, aufgetreten, so hätten die Kämpfe nur als Erinnerung, nicht als gegenwärtig geschehend beschrieben werden können. Darum die Umarbeitung; dies zwar künstliche, aber im einzelnen völlig gelungene Mittel zeugt wiederum von der sichern Souveränität, mit welcher der Dichter über seinen Stoff verfügte.

699 = 690 = 637 ff. Der **Erbschaftsstreit** ist in den verschiedenen Bearbeitungen verschieden behandelt; so weiß C nichts von Kri's Verlangen nach Hagen und dessen Weigerung; das Ganze ist überhaupt mehr angedeutet, als ausgeführt. Der Dichter wollte wohl Kri's spätere Härte vorbereiten; die Er-

wähnung Hagens soll vielleicht andeuten, daß zwischen Ha. und Kri. schon jetzt eine gewisse Gereiztheit bestanden, die allerdings kaum anders begründet zu denken ist, als durch Ha's Eifersucht auf Si. Daß das ganze Motiv unvermittelt fallen gelassen wird, zeigt, daß der Dichter so recht nichts damit anzufangen wußte.

Str. 855 = 847 = 790. Das Vorzeigen des **Ringes und Gürtels** kann eigentlich in unserm Liede wenig beweisen; mit Recht sagt Bru.: der Ring ist mir gestohlen, denn Si. hat ihn ihr wirklich ebenso wie den Gürtel **heimlich** genommen. In der alten Sage, wo Bru. den Ring Si. bei der Verlobung geschenkt hat, beweist er zwingend das frühere Verhältnis Si's zu Bru. Der Dichter hat die wirkungsvolle Szene beibehalten, ohne sie passend einordnen zu können.

857 = 849 = 792. Jâ wart mîn Sîfrit dîn man, die Worte haben einen höhnischen **Doppelsinn**; zunächst: Si. hat Deine Minne gewonnen, zweitens ironisch: Si. ist Dein Manne geworden, mit Anspielung auf Bru's eigensinnige Anmaßung.

823 = 814 = 757 ff. Die Schilderung des **Streites der beiden Königinnen** ist ein glänzender Beweis der großen poetischen Veranlagung des mhd. Dichters. Durchaus folgerichtig und bewundernswert in der Steigerung des Einzelnen läßt er den Zwist aus 2 Momenten entstehen: 1. dem tief in Bru's Brust haftenden Zweifel über Si's wahren Stand, 2. der ganz natürlichen Voraussetzung, daß zwei Frauen, wenn sie bei einander sind und zumal noch wie hier ihre Männer im Kampfspiele wetteifernd vor sich sehen, über diese sprechen und sie vergleichen. Die Steigerung zeigt sich 1. in der Zerlegung des Ganzen in 2 Gespräche, von denen ein **privates** die Kränkung Kri's durch Worte und ihre Annahme der Herausforderung, ein **öffentliches** die Erhöhung der Kränkung durch den Versuch einer Demonstration und als Gegenschlag die Vernichtung der Gegnerin durch eine ungleich schwerere Beleidigung enthält; 2. in den einzelnen Gesprächen, a) im ersten an Kri's Stimmung, α) sie widerspricht einfach, β) sie verbittet sich Bru's Worte, γ) sie höhnt, δ) sie fordert die Gegnerin heraus; b) im zweiten, α) in den Vorbereitungen (beiderseits Schmücken; Kri. legt, um des Hauptschlages sicher zu sein, **wohlbedacht** Bru's Ring und Gürtel an), β) in Kri's Worten (vor der Kirche αα) Anspielung, ββ) unzweideutige Beleidigung; nach der Kirche thatsächliche Beweisführung durch αα) Ring, ββ) Gürtel).

919 = 911 = 854. In Bezug auf den Ort, wo Si. erschlagen wurde, wo also auch die Jagd stattfand, schwankte die Sage.

In A B steht hier Wasgenwald, trotzdem ziehen die Herren Str. 926 = 918 = 861 über den Rhein. Der Dichter wußte aber, daß Worms auf der linken Rheinseite liegt (vgl. Str. 1548 = 1515 = 1455). Die Handschrift C hat den Widerspruch beseitigt, indem sie Otenwald (Odenwald) statt Waskenwald giebt. Sie erzählt noch Genaueres Str. 1013: im Odenwald liegt ein Dorf Odenheim (jetzt Ebigheim??), da fließt noch der Brunnen, an dem Si. erschlagen wurde. — Der Name Sifritsbrunne kommt verschiedentlich vor; ob er etwas mit unserer Sage zu thun hat, bleibt ungewiß. Grimm, Heldensage N. 47. — Eins der Eddalieder weiß nur, daß Si. „auf der andern Seite des Rheines" ermordet worden ist. — Wir bleiben also über den Ort ganz im Unklaren.

925 = 917 = 860. Die merkwürdige Rolle, welche Si's aus dem Nibelungenreiche herbeigeholte M a n n e n spielen, ist hier besonders auffallend. Warum läßt sie der Dichter nicht mit auf die Jagd gehen? Nur damit sie den Mord nicht früher merken als Kri, und damit so die wirksame Szene, wie Kri. den ermordeten Gatten vor ihrer Thüre findet, nicht verloren gehe.

944 = 936 = 879. Die A u f z ä h l u n g der von Si. erlegten T i e r e ist nicht sehr geschickt. Die alte Sage kannte nur die Eberjagd; auch diese bringt unser Dichter, sie hat aber keine Bedeutung mehr, nachdem Si schon viel größere und stärkere Tiere erlegt hat. Daß ein Löwe sich in den deutschen Wäldern fand, werden die Leser dem Dichter wohl kaum geglaubt haben, es müßte denn ein aus dem Käfig entsprungener gewesen sein.

974 = 965 = 906. Die B e g r ü n d u n g, daß die Helden zur Quelle gehen, weil Ha. den Wein vergessen, stammt von unserm Dichter; in der alten Sage, wo die Könige ohne große Begleitung ausziehen, ist es natürlich, daß sie ihren Durst am Bache löschen. Der Vorschlag des Wettlaufes ist ziemlich unwahrscheinlich; die durstigen Jäger hätten viel einfacher einen Knecht zum Wasserholen schicken können (W i l m a n n s a. a. O. S. 83).

994 = 985 = 926. Daß Si. den S c h i l d auf Ha. z e r s c h l ä g t, ist ein ziemlich dürftiger Einfall; auch hat ihn der Dichter später vergessen; Kri. erkennt (1025 = 1012 = 953) an dem unverhauenen Schilde, daß Si. nicht im Kampfe gefallen ist.

1055 = 1043 = 984. Das „B a h r r e c h t", wie man den Aberglauben nennt, daß bei dem Herantreten des Mörders zum Leichnam des Ermordeten dessen Wunden frisch zu bluten anfangen und so den Verbrecher kennzeichnen, ist (nach M a r t i n, B. f. b. A. XXXII. 380 ff.) ein fremder, vermutlich keltischer

Aberglaube, der wohl wie die verschiedenartigen Geschichten vom Teufel erst zur Zeit der Kreuzzüge in Deutschland Eingang gefunden. In Schottland, wo er zuerst sich nachweisen läßt, ist er noch im Jahre 1688 vom Lordmayor als Beweismittel verteidigt worden. — Die Einführung ins Nibelungenlied verdankt er wohl wie manch andre Einzelheit einem geistlichen Interesse. Daß die Szene später eingefügt worden ist, ist recht deutlich; das Bahrrecht wird zwecklos ausgeübt, da Kri. schon 1022 = 1010 = 951 Ha. mit Bestimmtheit als den Mörder bezeichnet hat, und Gu. trotz des Blutens der Wunden Ha's Mordthat leugnet. Freilich läßt der Dichter Kri. Str. 1024 = 1012 = 953 und 1036 = 1024 = 965 — sehr ungeschickt — so thun, als ob sie den Mörder nicht kenne (Wilmanns a. a. O. S. 86).

1099 = 1088 = 1028. Die oben gegebene Erklärung, daß Kri's Worte *ironisch* zu nehmen sind, ist wohl die einzige Möglichkeit, mit der man den seltsamen Entschluß der Witwe einigermaßen erklären kann. Immerhin ist er vom Dichter durchaus nicht genügend motiviert, man sollte denken, Kri. habe von Niederland aus im Vollbesitze königlicher Macht weit eher die Rache vollziehen können. Aber die alte Sage ließ eben die Personen in Worms beisammen; ihr bleibt der Dichter treu und büßt durch eine Unwahrscheinlichkeit die selbständige Einführung der Heimat und der Eltern Si's in das Gedicht.

1137 = 1124 = 1064. Zum Schatze gehört die *Wünschelrute* (Grimm, Myth. 545), die das Gold immer wieder mehrt. Diese Gabe geht von Odin aus, der ja auch den immer Gold tröpfelnden Ring Draupnir besitzt.

1140 = 1080. Diese in C fehlende Strophe ist jedenfalls ein späterer, ungeschickter Zusatz; sie soll Hagens Worte (2427 = 2368 = 2305) vorbereiten (Lachmann); es ist aber nach dem Zusammenhange hier ganz unmöglich, daß die Könige mit Ha. den Eid schwören, da sie an der Wegnahme und dem Versenken unbeteiligt sind. Höchstens kann man denken, daß Gu. mit Hagen im Einvernehmen steht und seinen Brüdern gegenüber sich verstellt; auch am Schlusse des Gedichtes fallen die Folgen des Eides ja nur auf Gu. Jedenfalls unterbricht die Strophe hier sehr ungeschickt 2 von Kri. handelnde Sätze, und für das Epos genügte es, wenn Ha. im letzten Augenblicke von dem Eide spricht, den möglicherweise *später alle* Könige geleistet.

1155 = 1139 = 1079. Ha. tritt am Hofe erst wieder auf, als Rü. ankommt (1201 = 1177 = 1117). Es wäre aber falsch, anzunehmen, daß der Dichter habe erzählen wollen, seine *Ungnade* habe so lange gedauert; dann hätte er bei dieser Gelegenheit ein paar aussöhnende Worte sicher nicht vergessen. Es ist vielmehr gleichgültig, wie lange Ha. fern blieb; nur das war für das Gedicht bedeutsam, daß die Könige (alle? s. o.) auf ihn erzürnt waren.

1166 = 1143 = 1083. Die ganze Aventiure enthält in stark dramatischer Form (sehr viel direkte Rede) die ausführliche Beschreibung einer höfischen B r a u t w e r b u n g mit allen dabei möglichen Eventualitäten (Hindernisse seitens der Verwandten, Überredungskünste des Unterhändlers, Widerstand, Schwanken, endliche Einwilligung der Braut). Die Handlung wird in kunstvoller Steigerung mit Retardationen (Ha's Einspruch, Kri's Bedenken) weiter geführt. Kri's Charakter ist psychologisch meisterhaft dargelegt. Sie hat mit dem Glücke des Lebens abgeschlossen, die Ehre der Werbung macht auf sie keinen Eindruck, endlich bringt der Rachegedanke sie zur Entscheidung. H e n n i n g, Q. F. XXXI, S. 64 ff.

1422 = 1395 = 1335. Die Strophe enthält nicht, wie scheinen könnte, ein anderes Motiv zur Rache; sie faßt nur noch einmal indirekt alles Leid zusammen, was Kri. von ihren Feinden erfahren: sie haben sie durch ihre Thaten und Ränke so weit gebracht, daß sie nun fern von der Heimat mit einem H e i d e n leben muß. Daß auch dieser letzte Gedanke schließlich auf die Dauer doch das Herz der Frau beschwert, ist ein feiner, psychologisch richtiger Zug.

1533 = 1500 = 1444. Nach Str. 1585 = 1457 = 1397 können die Boten nichts von dem Inhalt der Beratung wissen, da diese in ihrer Abwesenheit stattfand.

1627 = 1587 = 1527. Diese Mitteilung Ha's ist ganz zusammenhanglos; die Könige antworten gar nicht darauf, und die Mannen scheinen die Sache in Bechelaren und Etzelburg auch ganz vergessen zu haben. Der einzige Zweck, den der Dichter bei der Einführung gehabt haben kann, ist der, Ha's todesmutige Entschlossenheit auch den andern Teilnehmern der Fahrt beizulegen; doch läßt er das ganze Motiv, das doch auch höchstens für die Könige und Führer von Bedeutung wäre, wieder fallen.

1764 = 1724 = 1662. Das M o t i v w i e d e r h o l t sich; Dietrich empfängt die Burgunder 2 mal (1791 = 1750 = 1688), 3 mal warnt er sie vor Kri's Haß (1769 = 1729 = 1667—1791 = 1750 = 1688). Jedesmal scheinen die Könige nichts Böses zu ahnen, obgleich sie doch Eckewart schon gewarnt (1675 = 1635 = 1575), ganz abgesehen von der Ha. zu teil gewordenen Prophezeiung der Wasserfrauen. — Das Durcheinander dieser Szenen scheint auf 3 ineinander verwobene Versionen zurückzugehen. Henning, S. 147 ff. Lichtenberger, S. 258 ff. Wilmanns, S. 96 ff.

1797 = 1756 = 1664. Kurze Andeutung der Geschichte **Walthers von Aquitanien**, die uns ausführlich im sog. Waltharius manufortis, einem von Eckehard I. († 973) in lateinischen Hexametern verfaßten, von Eckehard IV. († 1036) überarbeiteten Gedichte erzählt wird. Bekannt ist die Übertragung von V. v. Scheffel im „Eckehard".

1828 = 1787 = 1725. Dieses **Gespräch Kri's mit Ha.** entspricht dem früheren (1779 = 1739 = 1677 ff.) so sehr, daß sie wohl kaum haben ursprünglich nebeneinanderstehen können; sie gehen auf 2 verschiedene Versionen derselben Sage zurück, die der Dichter einfach übernommen hat, da er die reizvollen Einzelheiten beider nicht aufgeben wollte.

1842 = 1801 = 1739. Nach dieser Strophe zeigt sich ein scharfer **Einschnitt** der Fügung; nach dem versuchten Überfall auf dem Hofe werden Ha. und Vo. schwerlich mehr zum feierlichen Empfange vor Etzel gegangen sein.

1963 = 1912 = 1849. Der Grund, weshalb Kri. den **Ortlieb** in den Saal bringt, ist nicht klar, ebensowenig, wieso Ortliebs Anwesenheit nötig ist, um den Kampf zu entfesseln, da das später Dankwarts Meldung bewirkt. Der Zug erklärt sich nur aus der alten Sage, wo der Überfall der Knechte fehlt, und (nach Thidrekssaga und Anhang des Heldenbuches) Kri. ihren Sohn aufreizt, Ha. einen Faustschlag zu geben, worauf Ha. den Knaben erschlägt und so den Kampf eröffnet.

1976 = 1924 = 1861. Man hat in Dankwarts Wort **ich was ein wênic kindel, dô Sîfrit vlôs den lîp** vielfach einen **Widerspruch** gegen Teil I finden wollen, wo Dankwart sogar die Fahrt zum Isenstein mitgemacht hat. Aber es wäre des kühnen Helden unwürdig, wollte er mit Blödel so unterhandeln. „Dankwart fertigt vielmehr den plumpen Blödel, ihn zu höhnen, mit einer Unglaublichkeit ab". Ich finde diese richtige Erklärung merkwürdigerweise zuerst bei **Werner Hahn**, Übersetzung des N.=L.'s, S. 244 Anm. Derselbe betont gut die geschickte Steigerung von dem ironischen Willkommslächeln Dank's zu dem Anschein von Besorgnis und Unschuld, dann zum kräftigen Dreinschlagen unter Hohn und Spott.

2048 = 1995 = 1932. Dies unpassende „**Herausschmuggeln**" der Hauptfeindin der Burgunden ist hervorgerufen durch die Einschiebung des Überfalles der Knechte in die ältere Sage. Nachdem einmal Dankwart, dem Gemetzel entronnen, die Thüre besetzt hat, wußte der Dichter sich nicht anders zu helfen, um die Personen, die er später noch gebrauchte, lebend entkommen zu lassen. Viel einfacher und natürlicher war dies Entkommen, wenn, wie in der alten Sage, der Kampf durch Ortliebs Faustschlag entbrannte (vgl. Anm. zu 1963).

Entwicklung der Sage.

Unser Nib.-Lied zerfällt, wie oben schon angedeutet, in zwei große Teile: Siegfrieds Tod und Kriemhilds Rache. Diese Hälften haben ganz verschiedenen Ursprung und sind erst im Laufe einer längern Entwicklung mit einander verbunden worden, zuerst durch das Motiv, daß Atli (Etzel) Gudruns (Kriemhilds) Brüder erschlägt, um in den Besitz des von ihnen erworbenen Nibelungenhortes zu gelangen (Edda, Völsunga-Saga), später durch die auf tieferem, ethischem Grunde ruhende Anschauung, daß Kriemhild den Mord Siegfrieds an Hagen und ihren Brüdern rächen will (Thidrekssaga, Nib.-Lied).

Die Quellen, in denen uns die Nibelungensage zum Teil in älterer Form als im N.-L. erhalten ist, sind folgende:

I. die Edda (=Poetik, nicht Großmutter), und zwar

    a) die alten im codex regius zu Kopenhagen aufgezeichneten, vielleicht von dem Bischof Saemund Sigfússon (1056—1133) auf Island gesammelten Lieder,

    b) die Snorra-Edda, prosaische Erklärungen und Erzählungen, geschrieben von Snorri Sturluson (1178—1241), dem berühmtesten Skalden seiner Zeit auf Island;

II. die sog. **Völsunga-Saga**, wahrscheinlich in der zweiten Hälfte des 13. Jahrhunderts in Norwegen verfaßt, um die Genealogie des norwegischen Königshauses über seinen Stammvater Ragnar Lodbrok auf Odin zurückzuführen,

III. die sog. **Thidrek-Saga**, im 13. Jahrhundert nach den Erzählungen in Norddeutschland (besonders um Bremen und Soest) und andern Quellen aufgezeichnet.

Jünger als das N.-L., aber doch wichtig, weil hie und da alte Züge bewahrt sind, sind

I. das **Lied vom Hürnen Seyfried**, erhalten in Drucken des 16. Jahrhunderts,

II. der prosaische Anhang des sog. **Heldenbuches**, geschrieben um die Mitte des 15. Jahrhunderts,

III. die **Nornagest-Sage**, entstanden um 1300,

IV. auf den **Faroer-Inseln** gesungene Lieder.

Der erste Teil der Nibelungensage hat aller Wahrscheinlichkeit nach schon viel eher bestanden als der zweite. Er greift über die Heldensage hinaus auf die Göttersage, den Naturmythus, zurück. Von der Beziehung der Sage, besonders des Nibelungen-Hortes, zu den Göttern berichten uns zwar nur noch nordische Quellen (Edda, Völs.-Saga), aber es ist kein Zweifel, daß die Verbindung auch in Deutschland bestanden hat, ja wohl sogar dort entstanden ist.

Über diese geheimnisvolle Vorgeschichte des Nibelungen-Schatzes erzählt nach der Edda und Völs.-Saga Regin seinem Pflegesohne Sigurd folgendes (Raßmann I, S. 101): Mein Vater Hreidmar (= Nibelung) hatte drei Söhne, Fafnir, Otr und mich (Regin). Fafnir war der größte und grimmigste, Otr war ein

Jäger und fing täglich Fische in der Gestalt eines Otters; ich war der dritte und verstand die Kunst Eisen, Silber und Gold zu schmieden. Einst fuhren drei Asen (Götter) aus, um die ganze Welt kennen zu lernen, O d i n , L o k i und H ö n i r. Sie kamen zu einem Wasserfall (in Schwarzalfenheim, dem Lande der finstern Geister), dran saß ein Otter, der hatte einen Lachs gefangen und fraß ihn blinzelnd. Loki warf das Tier mit einem Steine tot und nahm Otter und Lachs an sich. Abends kamen die drei Götter zum Hofe meines Vaters, baten um Nachtherberge, sagten, sie hätten Speise bei sich, und zeigten Lokis Beute. Da erkannte Hreidmar in dem toten Otter seinen Sohn, rief Fafnir und mich, und wir drangen auf die Asen ein und banden sie. Als Sühne für den Totschlag schwuren nun die Götter, dem Vater soviel Gold zu geben, als der Otternbalg fasse und nötig sei ihn ganz zu umhüllen. Odin entsandte Loki, das Gold zu schaffen. Mit dem Netze der Ran (Meergöttin) fing dieser in dem Wasserfalle den nach dem Fluche einer Norne als Hecht im Wasser lebenden Zwerg Andvari und erhielt von diesem als Lebenslösung alles Gold, das er in seinem Felsen hatte, dazu den Ring (Andvaranaut), den der Zwerg gern zurückbehalten hätte, da derselbe die Kraft besaß, das Gold wieder zu mehren. Da verfluchte der Zwerg den Schatz: Es soll das Gold zweien Brüdern zum Mörder werden und acht Edelingen zum Verderben, meines Gutes wird niemand genießen. Als Loki zu seinen Gefährten kam, nahm Odin den Ring an sich, da er ihm gefiel; das Gold gaben sie Hreidmar. Es deckte den Otternbalg bis auf ein Barthaar; nun mußte Odin den Ring hergeben, und so lösten sich die Götter. Loki aber teilte Hreidmar den Fluch mit und deutete auf den zukünftigen Streit verwandter Fürsten um das Gold und ein Weib (Brunhild). Die Götter gingen fort; Fafnir aber erschlug seinen Vater Hreidmar, der die Beute nicht mit den

Söhnen teilen wollte, weigerte sich mir die Hälfte abzugeben, fuhr mit dem Schatze nach Gnitaheide, nahm Drachengestalt an und legte sich auf das Gold.

So begründet also die Sage, wie durch eine Schuld der Götter das fluchbeladene Gold in die Welt kam. Die weiteren Geschicke des Hortes erzählt uns nun die Heldensage, indem sie Siegfried den Schatz erwerben läßt.

Sigurd, so heißt der Held in den nordischen Sagenbüchern, ist ein Välsung (=Auserwählter), Sohn eines an seinen hellstrahlenden Augen erkennbaren, von dem Göttervater Odin stammenden Geschlechtes, der auch in den mancherlei Kämpfen der Välsungen verschiedentlich selbst aufgetreten ist. Sigurds Vater Sigmund fällt im Kampfe gegen den Hundingssohn Lyngi, nachdem Odin selbst das Schwert des Välsungen an seinem vorgehaltenen Speer hat zerspringen lassen. Die Mutter Hjördis gebiert Sigurd im fremden Lande; der Knabe wird von dem Schmiede Regin aufgezogen und von ihm durch die oben wiedergegebene Erzählung veranlaßt Regin an seinem Bruder zu rächen. Odin selbst sucht ihm das Roß Grani aus; Regin schmiedet ihm, nachdem der unbändige Knabe verschiedene Schwerter auf dem Amboß zerschlagen, aus den Stücken des an Odins Speer zersprungenen Schwertes seines Vaters Sigmund das Schwert Gram neu, mit dem Sigurd den Amboß mitten durchschlägt und das eine den Fluß (Rhein Sigurdarkvis.) hinabschwimmende Wollflocke wie das Wasser durchschneidet. Von seinem Oheim Gripir werden Sig. seine spätern Schicksale geweissagt; die Prophezeiung von seinem frühen Tode nimmt der Jüngling mit der gelassenen Äußerung auf: „niemand wird das Schicksal überwinden." Bald darauf läßt Sig. sich von den Königen Alf und Hialprek, in deren Lande er aufgewachsen ist, ein großes Heer rüsten, fährt mit diesem wie ein Wikinger übers Meer und nimmt Rache an den Mördern seines Vaters, den Hundingssöhnen.

Dann läßt er sich von Regin zur Gnitaheide führen, wo Fafnir seinen Schatz hütet; auf Odins Rat, der sich ihm wieder als alter Mann zeigt, gräbt er mehrere Gruben unter den Weg, den der Drache zurücklegt, wenn er zur Quelle zum Trinken geht, verbirgt sich in einer und sticht dann, nachdem Regin feige entwichen, dem Wurme von unten das Schwert ins Herz. Sterbend warnt ihn Fafnir vor dem Besitze des Hortes. Nun kommt Regin zurück, trinkt von dem Blute der Drachenwunde und schneidet dem Wurme das Herz aus. Er heißt Sig. es ihm am Spieße braten. Um zu prüfen, ob es gar sei, greift dieser das Herz an, verbrennt sich den Finger und steckt ihn in den Mund. Als aber Fafnirs Herzblut ihm auf die Zunge kommt, versteht er die Stimme der Vögel. Adlerinnen verraten ihm, daß Regin ihn töten wolle, um den Schatz zu besitzen, und singen ihm von Sigurdrifa (Brunhild), die auf dem hohen Hindarfiall in einem von Feuer umlohten Saale schlafe, von Odin selbst mit dem Schlafdorn in Schlummer versenkt. Sig. tötet Regin, ißt selbst Fafnirs Herz und trinkt von seinem Blute. Dann nimmt er den Schatz an sich*) (Oegirshelm, Goldbrünne, Schwert Hrotti) und besteigt sein Roß Grani.

Er reitet südwärts (nach Frankenland) und kommt zu dem hohen Berge, auf dem eine Schildburg stand mit wehendem Banner. Grani trägt ihn durch das den Berg umlohende Feuer. Oben findet Sig. einen Gewappneten

---

*) Ganz anders erzählt das Nibelungenlied die Gewinnung des Schatzes durch Si., Str. 88 = 87 ff. Von den dort genannten Namen der einstigen Besitzer, Schilbunc und Nibelunc ist besonders der letzte von Bedeutung, weil er dem Horte und auch seinen Besitzern (auch den Burgunden von Str. 1562 = 1526 = 1466 an) den Namen giebt. Über die Bedeutung des Wortes wissen wir nichts Sicheres. Vielfach hat man es seit Grimm, Myth. S. 462 mit Niflheimr, dem Nebelheim, dem Schattenreiche zusammengestellt, so daß also das Gold ursprünglich den Göttern der Nacht und des Todes gehörte.

schlafen. Er löst ihm den Helm, zerschneidet mit seinem scharfen Schwerte die Brünne und findet darin ein Weib. Die Jungfrau erwacht aus dem Schlafe, erkennt in Sig. freudig den ihr vom Schicksal bestimmten Befreier und reicht ihm ein Methorn mit dem Minnetrank. Dann erzählt sie ihm ihr Geschick: sie habe wider Odins Willen dem jungen Könige Agnar, der sich die W a l k ü r e n durch Gewinnung ihrer Schwanenhemden dienstbar gemacht, gegen den von Odin geschützten Hialmgunnar (Helmgunther) zum Siege verholfen, darum habe sie der Gott ihres Walkürenamtes entsetzt und sie in Schlaf versenkt, damit sie von einem Manne gewonnen werde. Sie aber habe das Gelübde gethan, sich keinem Manne zu vermählen, der sich fürchten könne. Darauf habe Odin sie mit der W a b e r l o h e umgeben und bestimmt, daß nur der Held sie durchreiten solle, der Fafnirs Hort gewonnen. Sig. bittet nun die Jungfrau, ihn Runen zu lehren. Die Walküre giebt ihm ausführliche Belehrung (ein für die Kenntnis der Runen, die merkwürdige Mischung von Sagen und Sittenlehren sehr wichtiges Kapitel vergl. Raßmann I, S. 147 ff.). Sig. bewundert ihre Weisheit und verlobt sich mit der Jungfrau durch Eidschwur.*)

Nach einiger Zeit will Sig. zu neuen Thaten ausreiten. Sigurdrifa versucht vergebens, ihn zurückzuhalten; sie weissagt, er werde sich, durch einen Zaubertrank bethört, einer Königstochter vermählen, aber Sig. wiederholt seinen Treueschwur, und nun läßt sie ihn ziehen.

Sig. reitet mit dem Schatze von dannen. Er kommt an den Hof des Gothenkönigs G i u k i. Sein Heldentum

---

*) Soweit reichen die Lieder der ältern Edda, da in dem codex regius acht Blätter fehlen. Sie setzen erst wieder ein mit der Erzählung von Sigurds Ermordung. Das Fehlende ergänzen wir im allgemeinen aus der Völsunga saga.

und sein Ruhm lassen die Königin **Grimhild** wünschen, der Held möchte dauernd an ihren Hof gefesselt werden; darum giebt sie ihm einen Zaubertrank, der ihn Brunhilds vergessen läßt. Sie überredet dann Giuki, dem Helden ihre Tochter **Gudrun**, deren Schönheit Sig. schon mit Wohlgefallen bemerkt hat, zur Gemahlin anzubieten. Sig. nimmt das Anerbieten an, vermählt sich mit Gudrun und schwört ihren Brüdern **Gunnar** (Gunther), **Högni** (Hagen) und **Guttorm** Brüderschaft. Die Recken unternehmen dann gemeinschaftlich Kriegszüge und bringen oft große Heerbeute heim. [Sigurd aber gab der Gudrun zu essen von Fafnirs Herz, und seitdem war sie weit grimmiger und weiser als vorher.]

Eines Tages veranlaßt Grimhild ihren Sohn Gunnar, um Brunhild*) zu werben. Die Königssöhne reiten denn auch mit Sigurd aus, werben bei dem Vater (Pfleger) Budli (Heimir), bekommen aber den Bescheid, **Brunhild**, die nicht weit vom Wohnsitze ihres Vaters in einem prächtigen, von Feuer umlohten Saale wohne, könne selbst entscheiden. Die Helden reiten zu dem Berge (Hindarfiall); als aber Gunnar auf seinem Rosse Goti durch das Feuer reiten will, weicht der Hengst zurück. Sigurd leiht nun dem Blutsbruder das Roß Grani, dies will aber den fremden Reiter nicht tragen. Nun wechseln die beiden Helden, wie ihnen Grimhild geraten, die Gestalt; Sig. reitet in Gunnars Gestalt durch die Lohe, die unter Erdbeben verschwindet. Brunh. will zuerst nichts von ihm wissen, „wenn du nicht tapferer bist als jeder Mann und die erschlägst, die um mich geworben haben." Erst als der vermeintliche Gunnar die Jungfrau

---

*) Diese ist in den jüngern Sagensammlungen der Snorra Edda und Völsunga Saga aus der Walküre zur Königstochter geworden, obschon ihr ursprüngliches Wesen als Schlachtenjungfrau noch deutlich hervortritt. Über die weitere Entwicklung vgl. S. 89. Ihr Vater heißt Budli, ihr Bruder Atli.

an ihr Gelübbe erinnert, sich dem zu vermählen, der die Lohe durchritten, verlobt sie sich ihm. Er weilt 3 Nächte bei ihr, legt aber das blanke Schwert zwischen sich und sie. Dann nimmt er ihr den Ring Andvaranaut, den er ihr einst gegeben. — Nun fahren die Recken heim, dort wird Brunhild mit Gunnar vermählt.

Bald aber trägt Grimhilds doppelte Arglist böse Früchte. Eines Tages, als Brunhild und Gudrun zusammen im Strome (Rhein) baden, watet Brunh. weiter hinauf in den Fluß. Auf Gudruns Frage nach der Ursache, antwortet Brunh.: ich will in meinen Haaren nicht das Wasser dulden, das aus Deinem Haare rinnt, mein Vater ist mächtiger als der Deine, und mein Mann ritt durch das brennende Feuer, aber Dein Gatte war König Hialpreks Knecht. Gudr. antwortet zornig: Du wärest weiser, wenn Du schwiegst: Sigurd war Dein erster Mann, er erschlug Fafnir und ritt durch die Waberlohe, er nahm Dir den Ring Andvaranaut, den ich hier trage. Da erkennt Brunh. den Ring und wird totenbleich. Ohne ein Wort zu sprechen, geht sie nach Hause.

Am andern Morgen versucht Gudr. vergeblich durch freundliche Worte Brunh. zu versöhnen; die Beleidigte macht Gudr. und Sig. den Vorwurf, sie betrogen zu haben, und verwünscht die Zauberei Grimhilds. Darauf legt sie sich zu Bette. Als Gunnar zu ihr kommt, wirft sie ihm seine Feigheit vor und klagt Grimh. an, sie sei die Ursache, daß sie nun alle eidbrüchig seien, weil sie sich einst Sig. verlobt. Im Zorne will sie den König Gunnar erschlagen, aber Högni legt sie in Fesseln. Ihr Gemahl aber läßt sie wieder frei, und sie klagt nun so laut um den Verlust Sigurds, daß man es außerhalb der Königsburg hört. Högni wagt nicht zu der Rasenden zu gehen, endlich begiebt sich auf aller Bitten Sigurd in ihr Gemach. Brunh. gesteht auf seine Fragen, daß sie Gunnar nicht liebe, sondern einzig ihn, dem sie sich einst verlobt.

Da lobert auch in Sig. die alte Liebe, die ihn Grimh's Zaubertrank zeitweilig hat vergessen lassen, noch einmal hell auf; aber es ist zu spät, für die beiden giebt es keine Vereinigung mehr. Trauernd geht Sig. hinweg; Brunh. aber sagt zu Gunnar: ich will nicht zwei Männer zugleich in der Halle haben; dies soll Sig's Tod sein oder deiner oder meiner, denn er hat das alles Gudrun gesagt, und sie beschimpft mich. Sie droht ihm heimzufahren zu ihren Verwandten, wenn er nicht Sig. sterben lasse. Gunnar und Högni aber wagen beide die That nicht, da sie mit Sig. Eide der Freundschaft gewechselt; darum stiften sie ihren jüngern Bruder Guttorm, der „außerhalb der geschworenen Eide steht", an, den Mord an Sig. zu begehen. Die Brüder sieden im Vereine mit Grimh. eine Speise (aus Schlangen, Wolfsfleisch, Rabenaas), deren Genuß Gutt. so wild macht, daß er die That zu vollbringen verheißt. Indessen lebt Sig. arglos dahin, ohne an Gefahr zu denken. Zweimal schleicht Gutt. morgens in Sig's Schlafgemach, zweimal scheuchen ihn des Helden helle Augen zurück. Beim dritten Male endlich findet er Sig. eingeschlafen; da stößt ihm der Mörder das Schwert durchs Herz, so daß es auch noch durch das Polster bringt. Sig. erwacht und schleudert dem davoneilenden Gutt. das Schwert in den Rücken, so daß der Feige in Stücken auseinander fällt. Nun erwacht auch Gudrun an der Seite des todwunden Gatten; als sie gewaltig klagt, sucht der Sterbende sie zu trösten: Dir leben noch Brüder, Du hast einen Sohn von mir. Dann klagt er selbst: Brunh. hat das Unheil angestiftet, die Maid liebte mich mehr als jeden andern, aber gegen Gunnar verübte ich nichts Böses. Ich schützte ihn und sein Geschlecht, ich habe die geschworenen Eide gehalten, dennoch ward ich genannt seines Weibes Buhle. Hätte ich der Mörder Absicht geahnt, so hätte ich mich zu schützen gewußt. — So stirbt der Held; Gudrun aber klagt, „daß die Gläser auf dem Brette erklangen und die Gänse im Hof aufschrieen."*)

Brunhild aber lacht „einmal aus ganzem Herzen, als sie bis zu ihrem Lager die gellende Klage der Tochter Giukis hören konnte." Doch Gunnar verweist ihr die Freudenausbrüche, und schlaflos bringt er die Nacht zu in Sorge über die Folgen der grausigen That.

Gudrun klagt mit ihren Freundinnen über der Leiche; sie vermag es nicht über sich, den Geliebten noch einmal zu küssen, wie ihr die Schwester Gullrönd rät, sondern sinkt auf dem Lager zusammen. Dann aber weissagt sie Gunnar Unheil: Nicht wirst Du des Goldes genießen, Dir werden die Ringe zum Mörder werden, der Du dem Sig. Eide schwurest.

Brunhilds Freude aber galt nur dem Triumphe über die verhaßte Gudrun; „Feuer brannte ihr aus den Augen, Gift hauchte sie aus, als sie die Wunden an Sig. erschaute." Weinend um den toten Geliebten gedenkt sie noch einmal ihrer und Sig's ganzer Schicksale. Dann durchbohrt sie sich mit dem Dolche und bittet, sterbend mit Sig. zusammen verbrannt zu werden. Bevor sie ihr Leben verhaucht, weissagt sie ihren Verwandten ihre spätern Schicksale. — Soweit der erste Teil der Sage; des Zusammenhangs wegen lasse ich gleich den zweiten folgen.

Gunnar und Högni nahmen nun all das Gold, Fafnirs Erbe; Atli aber, der Bruder Brunhilds, gab den Söhnen Giukis die Schuld am Tode seiner Schwester. Er versöhnte sich jedoch, als die Brüder ihm Gudrun zur

---

*) Ein Prosazusatz zu dem alten Eddaliede berichtet: „Deutsche Männer sagen so, daß sie ihn erschlugen draußen im Walde." Ebenso berichtet das Lied: „Gefallen war Sigurd südlich am Rhein; ein Rabe auf dem Baume schrie laut: ‚In euch wird Atli die Schwertecken röten, euch Mörder werden die Eisen überwinden'." vgl. S. 66.

Ehe versprachen. Nach 7 Halbjahren versöhnt sich Gudrun mit ihren Brüdern, will aber von einer Ehe mit Atli nichts wissen, da sie für ihr Geschlecht Unheil befürchtet. Erst Grimhilds Zureden gelingt es, sie zur Einwilligung zu bewegen.
   Freudlos lebt sie mit Atli dahin. Atli aber sann darüber nach, wohin das viele Gold gekommen sein möge, das Sig. besessen hatte, aber das wußte nur König Gunnar und sein Bruder. Atli läßt darum hinterlistiger Weise die Söhne Giukis zu einem Gastmahle bitten; er sendet W i n g i als Boten, dem Gudrun einen mit einem Wolfshaar umknüpften Goldring und Runen mitgiebt, die die Brüder vor der Einladung warnen sollen. Wingi aber fälscht unterwegs die Runen. Trotzdem legt Högni die Sendung des Goldringes richtig aus, aber Gunnar, dem Wingi beim Trunke vorspiegelt, er könne Atlis Reich erwerben, verspricht in der Trunkenheit die Annahme der Einladung. Darauf warnt Högni noch einmal, verspricht aber, sich der Fahrt anzuschließen. Einmal entschlossen, weist er nun auch die Warnungen seiner Gattin K o s t - b e r a, welche die Fälschung der Runen durchschaut hat und zudem durch schlimme Träume (Brennen des Leintuchs, Bär, blutiger Adler) geängstigt wird, durch scherzende Worte zurück; auch bei Gunnar verfangen die Bitten seiner Gemahlin G l a u m v ö r, die gleichfalls böse Träume gehabt hat (Galgen, blutiges Schwert, wilder Strom, verstorbene Weiber), nicht.
  [Aber ehe sie von Hause fuhren, verbargen sie das Gold, Fafnirs Erbe, im Rhein, und dieses Gold hat sich niemals seitdem gefunden. Snorra Edda.] Auf der Fahrt ruderten die Recken kräftig, zerbrachen den halben Kiel und die Ruderstangen, und als sie ans Land kamen, banden sie ihre Schiffe nicht fest. Gewaffnet erwartet Atli seine Gäste. Högni klopft an die Burg, daß die Riegel erklirren. Da schlägt dem treulosen Boten Wingi das Ge-

wissen, und er warnt die Fremden; die aber erschlagen ihn mit den Äxten wegen seiner Hinterlist. Atli fordert von den Giukungen das Gold, sie weigern es ihm, da beginnt der Kampf. Auf den Lärm kommt Gudrun herbei und nimmt klagend von ihren Brüdern Abschied. Gewaltig tost nun der Kampf, endlich sind auf ihrer Seite Gunnar und Högni allein übrig, schließlich werden beide gefangen und gebunden. Atli fordert von Gunnar Auskunft über das Gold, Gunnar aber sagt: erst will ich meines Bruders Herz blutend sehen. Der König läßt nun erst einem Knechte das Herz ausschneiden; Gunnar aber erkennt am Zucken das Herz eines Feiglings. Da giebt Atli den Befehl, Högni das Herz auszuschneiden; heldenmütig lachend erträgt Högni die Qual. Als man Gunnar das Zeichen vom Tode seines Bruders bringt, spricht er trotzig zu Atli: nun weiß ich allein, wo das Gold liegt, nun soll der Rhein des Streiterzes walten, in rollender Woge leuchten die Walringe mehr, als das Gold an den Händen der Hunnensöhne erglänzt. Da läßt Atli König Gunnar in einen Schlangenhof setzen; dieser aber spielt so schön, daß die Schlangen einschlafen, nur eine Natter, groß und scheußlich, kroch zu ihm und biß sich durch bis in sein Herz; da ließ er sein Leben mit großem Heldenmut.

Gudrun lebt hinfort der Rache, aber nach der ersten Aussprache läßt sie sich weiter nichts merken; „schlau war sie, sie verstand wider ihr Herz zu reden, unbeschwert stellte sie sich, sie spielte mit zwei Schilden." Aber später tötete sie ihre und Atlis Söhne, gab ihre Herzen Atli zu essen und mischte ihr Blut ihm in den Wein. Mit Hülfe von Högnis Sohn N i f l u n g tötet sie dann den König selbst. Darauf steckt sie den Palast in Brand, Atlis Hofgesinde tötet sich selbst. [Gudrun selbst stürzt sich ins Meer, um zu sterben, aber sie versinkt nicht, sondern wird von den Wogen in das Land König Jonakurs getragen.

Nachdem sie noch das schmachvolle Ende ihrer (und Sigurds) Tochter Svanhild erlebt und ihre drei Söhne (von Jonakur) Sörli, Hambir und Erp in den Tod getrieben, stirbt sie als letzte ihres Geschlechtes den Flammentod.]

Wie schon angedeutet, haben die beiden auch in der oben erzählten nordischen Überlieferung sichtlich auseinanderfallenden Teile der Sage ganz verschiedenen Ursprung. Während die Hauptpersonen des ersten Teils, Siegfried und Brunhild, ursprünglich mythischer Natur sind, sind die Helden des zweiten, Gunnar, Högni, Atli und Gudrun, von Anfang an als Menschen, zum Teil zwar als außerordentliche Menschen gedacht worden, haben aber nichts Überirdisches an sich.

Dagegen ruht die Siegfried-Brünhildensage durchaus auf mythischem Grunde. „Naturvorgänge, für welche menschliche Motive und sittliches Urteil nicht gelten, spiegeln sich in ihrem Geschicke wider; erst allmählich und nur annähernd löst die Dichtung die Aufgabe, die mythischen Anschauungen in die Verhältnisse des Menschenlebens hinüberzuführen. Die auf einsamer Felsenhöhe schlummernde Jungfrau ist die Sonne; der Flammenwall, der sie umgiebt, die Morgenröte; Siegfried der junge Tag. Ihm ist es vom Schicksal bestimmt, den Zauberschlaf zu brechen. Wenn die Zeit gekommen ist, steigt er hinauf; die Morgenröte verschwindet vor seinem Glanze; er weckt die Jungfrau, strahlend hebt sich die Sonne von ihrem Lager und begrüßt freudig die ganze Natur. Aber Licht und Schatten sind unlösbar verbunden; der Tag wandelt fortschreitend sich von selbst in Nacht. Wenn am Abend die Sonne aufs Lager sinkt und sich wieder mit ihrem Flammenwalle, jetzt der Abendröte, umgiebt, naht der Tag von neuem, aber nicht mehr in der jugendlichen Gestalt des Morgens, um sie dem Schlummer zu entreißen, sondern in der bunteln Hülle Gunthers, um an ihrer Seite zu ruhen. Der Tag ist zur **Nacht** geworden (Gestaltentausch), der Flammenwall verschwindet, Tag und Sonne gleiten in das Reich der Finsternis hinab."*) Ganz deutlich treten diese Naturbeziehungen hervor in der der Siegfriedssage sehr nahe verwandten Erzählung des Ebbaliedes Skirnisför von der Liebe des Gottes **Freyr** zu der schönen Jötun- (Riesen-)tochter Gerda, um die er durch seinen Boten Skirnir wirbt, der auch durch flackernde Lohe zu der Schönen reiten muß. Ähnliche Sagen gingen auch (und zwar wohl ursprünglich) von **Wotan**, der im Frühjahr erwacht, seine Feinde, die Geister des Dunkels, überwindet, aber im Herbste von ihnen getötet wird.**) Wieder anders gestaltet sich derselbe Vorgang in den Erzählungen von dem Lichtgotte **Balder**, der von dem blinden Höder auf Anstiften des bösen Loki mit dem Mistelreise erschossen und dann mit seiner Gemahlin, seinem Rosse und dem goldtröpfelnden Ringe Draupnir verbrannt wird.

Die Sonne hat aber noch eine zweite Erscheinungsform. Sie zeigt sich nicht nur in der Höhe über den Bergen, sie spiegelt sich wider im Wasser des Stroms („Flusses Flamme" Sigurdarkv. II 2), in den abends ihr Glanz zu versinken scheint. Das ist der Ursprung der Sage von dem im Rheine versenkten **Nibelungenhort**; nur übernatürliche Kraft oder Frevel vermag ihn zu gewinnen; wer sich aber mit den Geistern der Tiefe einläßt, ist ihnen verfallen, sie ziehen ihn hinab, besonders wenn er der schönen Nixe untreu wird (Undine).

So sind die Vorstellungen vom Erwerbe des schönen **Weibes** und des Goldes enge mit einander verknüpft, in germanischer wie in griechischer (Helena) und anderer

---

*) Wilmanns, a. a. O. S. 72.
**) Scherer, Vorträge und Aufsätze S. 105 ff. Grimm, Myth. 3. S. 358.

Sage. Beide Motive klingen in der deutschen Heldensage neben- und ineinander, und auch im Nibelungenliede, wo die Erzählung von der verschmähten Sonnenjungfrau schon ganz ins Menschliche, ja ins Ritterlich-höfische umgesetzt ist, erscheint der verhängnisvolle Schatz als die Ursache, um derentwillen die letzten Helden, Gunther und Hagen, ihr Leben lassen müssen.

Aber die Vorstellungen vom Schatze sind auch noch keineswegs einheitlich; der Schatz, den Si. erwirbt, und das Gold, das Atli von den Nibelungen gewinnt, sind ursprünglich verschieden: die Stellen unserer Nacherzählung der Sage, in denen sie identificiert werden, stammen aus den jüngern, prosaischen Teilen der Edda, in den alten Liedern findet sich von dieser Gleichsetzung keine Spur. Ursprünglich haben wir uns also wohl das Sonnengold, die „Flusses Flamme", verschieden zu denken von dem Goldhorte, den die Zwerge in der Erde hüten. Freilich lag eine Verbindung der beiden Vorstellungen nahe, denn in den Flüssen fand sich auch wirkliches Gold, und besonders im Rheine wurde zur Zeit Otfrieds von Weißenburg von Seltz bis nach Germersheim Gold gewaschen.*) Aber auch die Sage von Si's Drachenkampf konnte die Ursache der Verschmelzung sein; denn wenn dieser auch wohl ursprünglich den Kampf des Lichtgottes gegen den Winter bedeutete, so war der Drache doch auch schon früh Bild für den geschlängelten Flußlauf, sein Gold wurde also zu dem wirklich im Wasser ruhenden Golde. — Der Schatz, den Atli von den Giukungen gewinnen wollte, lag nach uralter und fester Tradition im Rheine, denn auf dieser Vorstellung beruht der ganze Schluß der Erzählung, die Überlistung Atlis durch den festen Sinn Gunnars (Kriem-

---

*) Rieger, Die Nib.-Sage in ihren Beziehungen zum Rheinlande S. 45—50. R. Heinzel über die Nib.-Sage, Sitz.-Ber. Wien Ak. 1885.

hilds durch Hagen). Wenn also nun dieses Rheingold mit Fafnirs Erbe, dem Schatze Si's, gleichgesetzt wurde, so mußte die Sage begründen, warum und wie der letztere in den Rhein kam. Diese Begründung ist nun in den verschiedenen Sagen eine ganz verschiedene:*) Beweis genug dafür, daß sie nicht alt und fest war. Daß die Verbindung aber eingegangen wurde, ist andrerseits nur natürlich; denn der Schatz Si's ist verflucht, seinen Besitzern den Tod zu bringen, und der Schatz der Giukunge wird für sie ebenfalls der Grund zum Untergange.

Der Mythus vom Lichtgotte und Schatzerwerber Siegfried hat nun später eine bedeutende Veränderung dadurch erfahren, daß man den finstern Gott Gunther mit dem historischen Burgundenkönige Gundicarius (s. u.) gleichsetzte. Dadurch wurde das Frankenreich am Rheine, insbesondere Worms zum Schauplatze der Sage, ihre Helden wurden in der Nähe lokalisiert (Anm. zu Str. 8=9) und die Verbindung des ersten Teiles mit dem zweiten ermöglicht.

Von dem zweiten Teile der Nibelungensage, dem Untergange der Helden am Hofe Etzels, glaubten und glauben noch viele, daß er direkt aus der Geschichte entstanden sei. Die historische Vernichtung des Burgundenreiches durch die Hunnen,**) die Übereinstimmung der historischen Namen von Burgundenkönigen mit den Namen der Sage (Gibica = Giuki, Gislahar = Giselher, Gundahar = Gunther), die vielleicht historische Ermordung Attilas durch ein deutsches Mädchen Ilbico (= Hilde, Kriem-hilde), die also der Ermordung Atlis durch Gudrun in der nordischen Sage entsprechen würde, haben den Grund zu dieser Hypo-

---

*) Die Gründe, weshalb Ha. den Schatz in den Rhein versenkt, sind auch im N.-L. nicht klar.
**) Prosper Aquitan. Chron. ad a. 435 Gundicarium Burgundionum regem . . . Chunni cum populo suo ac stirpe deleverunt. Hist. misc. XV; Patrol. p. 963 Attila itaque primo impetu . . . . Gundicarium Burgundionum regem sibi occurrentem protrivit.

these gegeben. Aber der Umstand, daß von den Hauptträgern der Handlung, Gunnar und Högni, der letztere durchaus unhistorisch ist, beweist, daß die Sage nicht aus der Geschichte hervorgegangen sein kann.*) Natürlich aber ist die Geschichte, oder vielmehr sind die zum Teil aus der Geschichte erwachsenen Sagen des sog. hunnischen (Etzel, Helche, Rüdiger, Bloedel) und des durch Dietrichs Vertreibung aus seinem Reiche trotz des gewaltigen zeitlichen Abstandes enge mit diesem verbundenen ostgothischen Sagenkreises (Dietrich von Bern = Theoderich von Verona, Hildebrand, Wolfhart, Amelunge) von großer Bedeutung für ihre weitere Entwicklung gewesen. Aus dieser Quelle haben Thidrekssaga und Nibelungenlied die Personen und Verhältnisse entlehnt, die für unser Bewußtsein jetzt einen wesentlichen Bestandteil der zweiten Hälfte der Sage bilden.

Haben nach dieser Seite historische Ereignisse und Personen die Entwicklung unsrer Sage beeinflußt, so ist andrerseits die zuerst von Giesebrecht behauptete Einwirkung der spätern fränkischen Geschichte (Chlodwigs Gattin Chrodichilde, Vernichtung des Burgundenreiches 538, Ermordung Siegerichs durch seinen Vater Siegmund) kaum beweisbar. Ganz unwahrscheinlich ist die von demselben Gelehrten vorgebrachte Gleichsetzung Siegfried's und des von seinen Verwandten getöteten Arminius.

Betrachten wir nun kurz die Gestaltung der Sage im N.=L., so erkennen wir, daß außer den Änderungen in den Personen, der Umbildung der Gründe für die Ereignisse auch der ganze Hintergrund der Erzählung neu geschaffen ist. Alles eigentlich Mythische ist verschwunden (außer dem Drachen, Riesen und Alberich in der 8. av., den Wasserweibern in der 25. av.: alles ebenso wie Hort, Wünschelrute, Tarnkappe u. a. auch noch im XIII. und in

---
*) Wilmanns a. a. O. S. 91.

spätern Jahrhunderten Objekte des Aberglaubens), die Personen sind zu Königen, Rittern und Frauen der höfisch-ritterlichen Zeit geworden, sie gebahren sich nach der im 12. Jahrhundert üblichen feinen Sitte, ihre Anschauungen, Gewohnheiten und Liebhabereien decken sich mit denen der Zeit, in der das Gedicht entstanden ist, und abgesehen von einigen aus der alten Sage beibehaltenen Einzelheiten erheben sie sich nur durch die Größe ihrer Leidenschaften und Vorzüge über die Personen, für deren Gebrauch das Lied geschrieben ist. So sind auch die Spuren des Heidentums fast ganz verwischt, nicht die leiseste Andeutung führt uns auf den Gedanken, daß Schreiber und Leser in den geschilderten Personen alte Götter erkannt hätten — wie etwa im Volksepos der Griechen die Götter handelnd eingeführt waren —; zwar Etzel und seine Hunnen sind Heiden geblieben (doch gehen sie mit den Christen zur Messe Str. 1896 = 1851 = 1789), alle andern sind Christen und erfüllen getreulich ihre Pflichten gegen die Kirche. Aber andrerseits ist zu beachten, daß das Christentum nie — wie z. B. wohl die höfische Sitte, man denke an Si's Werbung um Kri. — auf die Haupthandlung von irgend einem Einflusse geworden ist.

So hat der Dichter das Alte im Gewande seiner Zeit neu erstehen lassen, ganz wie vorher der Dichter des Heliant Christus und seine Jünger zu einem altsächsischen Könige und seinen Mannen gemacht hat, wie Heinrich von Veldeke den Äneas als höfischen Ritter auftreten läßt.

Neben dem höfischen Nibelungenepos hat sich die Sage im Munde des Volkes unbehindert weiterentwickelt. Von Siegfried wurde weiter gesungen, soweit die deutsche Zunge klang; sein Drachenkampf, sein Tod waren einer der beliebtesten Stoffe. Natürlich kamen immer wieder andere Fassungen auf; so erzählt uns schon das Lied vom Hürnen Seifrid, daß der Held die vom Drachen geraubte Königstochter befreit und zugleich den Schatz der Zwerge gewonnen. Auch hier steht Altes und Neues unvermittelt nebeneinander, z. B. wie im N.-L. die beiden Erzählungen von Siegfrieds Jugend. Nicht anders wurde auch das Bild der Brunhild festgehalten, aber es wandelte sich in den Märchen um in Dornröschen, das von dem Prinzen aus dem Schlummer geweckt wird, oder in die Jungfrau auf dem Glasberge, zu der nur das beste Roß den kühnen Reiter tragen kann. Weitere schon stark verblaßte Erinnerungen an die alte Sage enthalten die Märchen vom starken Ferdinand (Raßmann I S. 360), das Erdmännchen (Grimm, Hausmärchen N. 91) die zwei Brüder (N. 60), von einem, der das Gruseln lernen wollte, u. a. m. So hat die alte hehre Sage durch Jahrtausende ihre Kraft, ihr frisches stetiges Wachstum bewahrt.

Entstehung des Nibelungenliedes.

Haben wir oben die verschiedenen Bestandteile kennen gelernt, die teils ursprünglich in der Sage vorhanden waren, teils nach und nach hineingetragen worden sind, so tritt klar zu Tage, wie mannigfach sie behandelt werden, welche vielgestaltige Verbindungen sie eingehen konnten. Auf diese Weise erklären sich die fast z a h l l o s e n V e r s ch i e d e n h e i t e n, die in unsern Quellen vorliegen; schon die einzelnen Eddalieder weichen von einander oft nicht unerheblich ab, und noch größer sind die Unterschiede zwischen älteren und jüngeren Darstellungen. Darum kann es uns nicht Wunder nehmen, wenn auch in unserem Nibelungenliede mancherlei Widersprüche zwischen einzelnen Teilen bestehen, wenn selbst die großen, entscheidenden Motive nicht immer klar hervortreten. Der Einarbeitung in einen großen Plan fügten sich eben nicht alle Teile der Sage gleich gut; manchmal mochte der Dichter sich scheuen, allzusehr von dem abzuweichen, was man vor ihm gesagt und gesungen, manchmal mochte auch seine poetische Gestaltungskraft nicht ausreichen, das Widerstrebende zu vereinigen. Z. B. sind der erste und zweite Teil der Sage im Nibelungenlied wie in der Thidrekssage deutlich durch den Gedanken verbunden, daß Kri. Rache für Si's Tod nehmen will, aber die Schlußszene des Ganzen ist bedingt durch das Verlangen nach dem Besitze des Nibelungenhortes: er ist der ausschlaggebende Grund für den Tod Gunthers und Ha's. Um so weniger werden wir uns wundern, daß Einzelheiten in dem großen Werke sich direkt widersprechen; das ist selbst unsern neuern größten Dichtern, Shakespeare, Goethe, Schiller*) passiert. Diese Unklarheiten und Widersprüche haben nun aber in der litterarhistorischen Auffassung und Würdigung unseres Liedes eine große Rolle gespielt. Man hat im Hinweis auf sie die Hypothese aufgestellt, daß das Nibelungenlied nicht von einem Dichter verfaßt worden, daß es vielmehr aus verschiedenen Liedern zusammengesetzt worden sei, die, da sie im ganzen den Plan unseres jetzigen Epos schon hatten, ein „Ordner" einfach habe aneinanderreihen können, indem er hie und da etwas weggelassen, anderes zugesetzt habe, um einigermaßen einen Zusammenhang zu gewinnen. Karl Lachmann hat im Jahre 1816**) zuerst diese Behauptung aufgestellt und zugleich versucht, zwanzig dieser ältern Lieder aus unserm Nibelungenlied wieder herauszuschälen. Aber spätere, genauere Untersuchungen haben gezeigt, daß dieser Versuch nur auf Willkür, nicht auf Beweise sich stützen konnte, und heute nimmt man wohl ziemlich allgemein an, daß das Nibelungenlied in der uns erhaltenen Form (abgesehen von kleineren Einschiebseln) wirklich von e i n e m Dichter geschaffen worden ist, der die Komposition des Ganzen nach einem großen, einheitlichen Plane angelegt hat. Dabei wird nicht geleugnet, was übrigens auch durch litterarische Zeugnisse erhärtet ist, daß die Nibelungensage einst in einzelnen Liedern vom Volke gesungen worden ist (z. B. Sîfrides wurm, Kriemhilde mort, Sîfrides tôt u. a.);

<small>Liedertheorie.</small>

---

*) Vergl. die lehrreiche Zusammenstellung bei O. J ä g e r pro domo S. 181 ff.
**) „Über die ursprüngliche Gestalt des Gedichts von der Nibelungen Noth."

ein Bild solcher Lieder geben die alten Eddalieder und aus einem andern Sagengebiete das Hildebrandslied. Ob und wann diese Lieder die Form unserer Nibelungenstrophe erhalten haben, ist eine offene Frage. Ebensowenig ist auszumachen, ob und zu welchen größern Ganzen diese Lieder vor dem 13. Jahrhundert zusammengesetzt worden sind.*) Um 1200 ist dann unser Nibelungenlied entstanden, seine Heimat ist Österreich, sein Verfasser war ein Ritter oder stand doch den ritterlichen Kreisen nahe; er dichtete das Lied zum Vorlesen in höfischen Kreisen. Sein Name ist uns unbekannt; der Beweis dafür, daß er ein Herr von Kürenberg gewesen, der in derselben Strophe lyrische Gedichte verfaßt hat, kann nicht erbracht werden. Die Urschrift des Dichters besitzen wir nicht mehr, dafür eine große Zahl von Abschriften. Die wichtigsten davon sind:

Handschriften. Die **Hohenems-Münchener** Handschrift, von Lachmann mit A bezeichnet.

Die **St. Galler** B.

Die **Hohenems-Laßbergische** in Donaueschingen C.

Von ihnen geben A und B dem Liede den Namen ditze ist der Nibelungen nôt, C nennt es der Nibelunge liet. Auch sonst stimmen die Handschriften ihrem Inhalte nach keineswegs vollkommen überein; am kürzesten, 2316 Strophen, ist A, einige 60 Strophen mehr giebt B, weitere 40 mehr C. Dazu kommen noch mehr oder

---

*) Eine sehr dürftige Fortsetzung des Nibelungenliedes **diu klage** erzählt V. 2147: von Pazowe der bischof Pilgerîn (nach dem Nibelungenliede Onkel der Kriemhild) ... hiez schriben disiu maere ... mit latînischen buochstaben. Wie wir uns dies Buch zu denken haben (wie die erhaltene lateinische Erzählung von Waltharius manufortis?), ob es überhaupt vorhanden gewesen ist, bleibt zweifelhaft. — Nach Henning (S. 19 ff.) hat sich das deutsche Epos zuerst unter dem Einflusse der französisch-niederländischen Epik am Niederrhein neu belebt.

minder starke Abweichungen so verschiedener Art, daß man nach langem Kampfe um den Wert der Handschriften (Lachmann hielt A für die beste, Holtzmann und Zarncke C, Bartsch B) jetzt mit Recht den Versuch für aussichtslos hält, den Originaltext des Dichters aus ihnen überall mit Sicherheit zu ermitteln. Den einzelnen Abschreibern kam es eben wenig auf Treue und Genauigkeit an; nach Laune ließen sie hier etwas fort, setzten dort zu, ersetzten dort einen Ausdruck durch einen andern. Daneben lassen sich freilich auch absichtliche Änderungen nicht verkennen; besonders merkwürdig ist in C das Bestreben, Kriemhilds Thun zu beschönigen, Hagen in schwärzeren Farben zu malen*) und Lokalsagen (z. B. über Kloster Lorch Str. 1158 ff.) anzubringen.

Während die Nibelungensage, wie oben ausgeführt, im Munde des Volkes sich forterhielt, ist das Epos allmählich in Vergessenheit geraten. So war es eine völlige Wiedererweckung, als in den Tagen des Aufblühens einer neuen deutschen Dichtung Bodmer den ersten Teil zum ersten Male drucken ließ (Zürich 1757). Es fand nicht gleich die richtige Würdigung; Friedrich der Große, der feine Kenner französischer und Verächter deutscher Litteratur, schrieb an den zweiten Herausgeber Myller: meiner Meinung nach sind die Gedichte nicht einen Schuß Pulver wert; in meiner Büchersammlung wenigstens würde ich dergleichen elendes Zeug nicht dulden, sondern herausschmeißen. Nach und nach aber wurden die Vorzüge des Gedichtes erkannt: Johannes Müller stellte es auf eine Stufe mit der Ilias, A. W. Schlegel hielt im Winter 1803 in Berlin Vorlesungen über das Lied, die es allgemeiner bekannt machten, und im Jahre 1815 druckte man eine Handausgabe, damit die Freiwilligen im Felde aus dem alten Heldensange Begeisterung zu wackern

Wiedererweckung.

---

*) Vgl. unten S. 100.

Thaten schöpfen sollten. Heute ist man von allzuenthusiastischer Bewunderung zurückgekommen; die gelehrte Forschung hat die Schwächen und Fehler des Ganzen wie des Einzelnen aufgedeckt, nicht minder aber auch eine richtige Würdigung des Schönen in dem Liede ermöglicht, und dieses fällt nicht allein in den Bereich der alten, vom Dichter verarbeiteten Sage, sondern ein großer Teil des wirklich Bewundernswerten darf dem Dichter als sein bleibendes Verdienst angerechnet werden.

Litteratur. Seit dem Beginn unseres Jahrhunderts hat sich eine vollständige Litteratur über das Nibelungenlied gebildet. Neben den gelehrten Arbeiten (Verzeichnis bei R. v. M u t h, Einleitung in das Nibelungenlied S. 1, vergl. auch das Vorwort b. H.) wurden namentlich auch Übersetzungen (beste in Prosa von J o h. S c h e r r, beste in Nibelungen-Strophen von S i m r o c k) in Menge hergestellt. Erwähnt sei noch die Prachtausgabe von E. E n g e l m a n n, Stuttgart 1885. Glänzend geschriebene Inhaltsangaben des Epos finden sich in V i l m a r s und S c h e r e r s deutscher Litteraturgeschichte.

Kunst. Aber auch die Kunst hat sich, ausgehend vom Nibelungenliede, des Stoffes bemächtigt, zunächst die dramatische. Aus der großen Zahl dramatischer Verarbeitungen der Sage (Verzeichnis bei v. M u t h, Seite 416 f.) seien R a u p a c h s „Nibelungenhort" 1839, der viele Aufführungen erlebt hat, und G e i b e l s „Brunhild" 1857 genannt; alle überragt F r. H e b b e l s Trilogie „Die Nibelungen," die sich ziemlich genau an das Nibelungenlied, besonders an die Handschrift C, anschließt. Den nachhaltigsten Eindruck aber hat R. W a g n e r s großes Musikdrama „Der Ring des Nibelungen" (Rheingold, Walküre, Siegfried, Götterdämmerung) ausgeübt; trotz mannigfacher Schwächen im einzelnen (Alliteration, Längen) verdient das großartige Werk sowohl wegen des gewaltigen poetischen Wurfes als der tiefempfundenen

Musik die Bewunderung, die es allmählich bei allen Kulturvölkern findet. Wagners Anregungen sind auch den übrigen Künsten zu gute gekommen: vorher hat nur München bedeutendere Schöpfungen aus diesem Teile nationaler Sage gesehen, die Nibelungen-Kartons von P. v. Cornelius (1822) und die Fresken von Julius Schnorr von Carolsfeld. Wagners Gestalten haben dagegen vielfach verherrlichende Pinsel gefunden, so daß man im Jahre 1876 zu Wien eine ganze Ausstellung solcher Gemälde veranstalten konnte (v. Hoffmann, Pixis, Hausegger u. a.).

Das Epos ist in der sogenannten **Nibelungenstrophe** geschrieben, die, wie schon angedeutet, der lyrischen Strophe des Kürenbergers gleich ist. Das Schema ist: *Metrische Form.*

Uns ist in álten mǽren   wúnders víl geséit
von héleden lóbebáeren,   von grózor kúonbéit.
von fróuden, hóchgezíten,   von wéinen únde klágen,
von kúener récken strîten   muget ir nu wúnder hóeren ságen

Also jede Langzeile zerfällt in zwei Halbzeilen zu je drei Hebungen; nur die letzte Halbzeile der Strophe hat, um das Ganze vollklingend abzuschließen, vier Hebungen. Der Endreim ist immer stumpf (geseit, klagen; im mhd. tritt sogenannte **Silbenverschleifung** ein, sobald die erste Silbe kurz ist und die zweite ein unbetontes e enthält, so daß also klagen metrisch wie klagn gerechnet wird). Häufig findet sich Cäsurreim, immer klingend, denn die erste Vershälfte endet immer so (einige Ausnahmen, besonders bei Eigennamen).

Die Senkungen bilden keinen wesentlichen Bestandtheil des mhd. Verses, können also fehlen, z. B.

lîp únde gúot
ûz ĺslánt.

Häufig findet sich Auftakt, ein-, zwei-, selten dreisilbig.

Spuren der älteren deutschen Reimform (**Alliteration**) finden sich häufig erhalten (vergl. Anm. zu 4 = 3 und 200 ff.).

Die Charaktere im Nibelungen-Liede.

Mit Recht hat man schon lange die Kunst der Charakterzeichnung im N.-L. hochgepriesen. Sie hat ihren Grund vor allem in der Schönheit der alten Sage, an die die umändernde Hand der späteren Bearbeiter nicht zu rühren gewagt. Eher konnte, wie v. Muth richtig sagt, die Handlung erweitert als ein Charakter verschoben werden. Andrerseits aber ist es auch ein großes Verdienst des mhd. Dichters, daß er die Hauptcharaktere der Sage in lebhafter Anschauung aufgefaßt und zum Teil durch die geschickte Anordnung und Verarbeitung des Stoffes im Epos als deutliche Bilder gezeichnet hat.

Doch sind nicht alle Charaktere gleichmäßig ausgeführt. Z. B. kann man von einer genauen Charakterisierung B r u n h i l d s nichts im Liede finden. Daß ihre mythische Bedeutung vergessen ist, kann uns nicht Wunder nehmen; aber auch ihr Walkürentum ist, abgesehen von ihrer übernatürlichen Stärke, ganz verwischt, geblieben ist als einziger durchgehender Charakterzug nur ihr unbändiger Stolz, der sie die Spiele gegen die Bewerber einführen läßt und Gu. in der Brautnacht so schmählich erniedrigt. Auch ihr unauslöschlicher Haß gegen Kri. und Si. als ihre Beleidiger geht auf diesen Zug zurück, wenn gleich Bru. hier kaum größer erscheint als sonst ein an seiner Ehre gekränktes Weib, das naturgemäß den Tod des

Brunhild

Ehrenkränkers fordert. Natürlich ist dieser Stolz herzuleiten aus ihrer alten Rolle als Walküre, die ihn noch viel stärker hervortreten läßt. Die unbändige Jungfrau, die mit ihren Schwestern gewappnet Wotans Befehle ausführt, wagt es bei einer Gelegenheit, sich den Anweisungen ihres Herrn und Vaters zu widersetzen, und trägt darum als Strafe die Bestimmung davon, daß sie von einem sterblichen Manne überwunden werden soll. Die Großartigkeit dieser Gestalt war den Sängern der spätern Zeit fremd. Darum ist Bru. im N.-L. dem Bilde der zahlreichen Prinzessinnen genähert, die von Königssöhnen durch allerlei Abenteuer gewonnen werden (König Rother, Ortnit u. a.), und ist wie diese Schemen der Spielmannsepen ziemlich farblos. „Ihr Anteil an der Rache, ihre Befriedigung oder Bestürzung bleiben unserm Epos fremd." Für diesen großen Mangel können uns einzelne kleine Züge, wie das Lob ihrer Schönheit (vgl. aber 598 = 593 = 550), nicht entschädigen. Über die Verdunkelung ihres alten Verhältnisses zu Si. vgl. S. 63.

Kriemhild. Viel deutlicher als Bru. tritt uns das Bild **Kriemhilds** im Epos vor Augen. Wir lernen sie zu Anfang in ihrem jungfräulichen Stolze kennen und sehen dann, wie dieser allmählich vor dem strahlenden Bilde Si's dahinschmilzt, wie sie freudig in die Vermählung mit ihm willigt. Treu ihren Pflichten zieht sie mit ihm in die ferne Heimat, in argloser Freundschaft kehrt sie mit ihm zum Feste zurück. Ebenso arglos rühmt sie die Vorzüge ihres Gatten gegen Bru., dann aber straft sie, in ihm und mit ihm gekränkt, rücksichtslos die Verleumderin. Doch die Reue bleibt nicht aus; seitdem sie den Streit mit Bru. gehabt hat, ist sie für Si's Leben besorgt, schlimme Träume ängstigen sie. Und diese Angst läßt zum zweitenmale ihre Worte verhängnisvoll werden; in der besten Absicht, aber doch auch in unverzeihlicher Blindheit verrät sie Ha. das Geheimnis der Verwundbarkeit ihres Gatten. So wird sie unmittelbar und mittelbar die Ursache seines Todes.

Darum wirkt ihre Klage doppelt herzzerreißend; die Szenen, wie sie in dem toten Ritter vor ihrer Kammer ahnend Si. erkennt, wie sie zum letzten Male sein herrliches Antlitz küßt und dann bewußtlos zusammenbricht, sind von ergreifender Wahrheit und Schönheit. Lange Zeit scheint der schwere Verlust nur lähmend auf sie zu wirken; sie rät zwar den Nibelungen, die den Tod ihres Herrn rächen wollen, von ihrem Plane ab, beschuldigt an der Leiche Ha. des Mordes, aber im Ganzen bleibt ihre Trauer passiv, bis in dem Gespräche mit Rüdeger sich ihr zum ersten Male die Möglichkeit einer Rache zeigt. Nun schlagen Stolz und Treue in ihr jäh aber dauernd in unbezähmbare Rachsucht um; „aus Treue bricht sie scheinbar die Treue, indem sie dem zweiten Gatten die Hand reicht, dessen Macht ihr die Mittel zur Rache für den ersten bieten soll: das ist die Peripatie des Epos" (v. M u t h). Und mit rücksichtsloser Energie führt sie nun ihren Plan aus. Obschon sie im Hunnenlande täglich um Si. weint, wartet sie doch in Geduld, bis sie in ihrer neuen Heimat einen festen Rückhalt gewonnen; dann aber vermag nichts mehr sie zurückzuhalten. Verzweifelt sieht sie ihre Anschläge auf Ha. allein scheitern: nun opfert sie alles, ihren Sohn Ortlieb, Rüdigers Treue, endlich sogar ihre Brüder, zuletzt Gu., ihrem Racheburste. Und so sehr vergißt sie ihre Frauenwürde, daß sie, freilich von Ha. aufs äußerste gereizt, ihres Bruders Haupt vor den Todfeind trägt und endlich den Unerschütterlichen selbst erschlägt. — So hat das Schicksal die holde anmutige Maid schuldig werden und allmählich zu der valandinne sich entwickeln lassen, der wir den sofortigen Tod durch Hildebrands Hand als gerechte Strafe zuerkennen.*) — Dieser Abschluß der

---

*) Kri's Rache richtet sich — ganz klar sind freilich die Andeutungen des Epos darüber nicht — nachdem sie sich einmal mit ihren Brüdern versöhnt, nur gegen Ha.; die Könige

deutschen Sage, der die Heldin in viel schwerere Schuld verwickelt als die nordische, ist ausschlaggebend geworden für die spätere Volksauffassung der Kri. Vergeblich haben sich, wie schon angedeutet (S. 93.), der höfische Bearbeiter der Handschrift C und der Verfasser der „Klage" bemüht, Kri. zu rechtfertigen und Ha. dagegen schwärzer zu malen,*) damit die Königin dem minnesingenden, höfischen Zeitalter sympathischer werde: das Volk erblickt in ihr den Typus des übelen wibes, vergleicht sie mit Herodias und braucht ihren Namen als Schimpfwort.

Hagen. Während so Kri. im zweiten Teile des N.-L. entschieden an Sympathie einbüßt, hebt sich umgekehrt die Wagschale zu Gunsten H a g e n s. Von allen Gestalten des Epos ist sein Bild am reichsten mit lebensvollen Zügen ausgestattet. „Von ihm, der Land und Leute kennt, dem listigen, der Kriemhild wie den Meerweibern ihr Geheimnis zu entlocken weiß, dem rücksichtslosen, der vor keiner That zurückbebt, den Speer meuchlings schleudert gegen den arglosen Helden und an dem wehrlosen Kinde den Verrat der Mutter mit dem Schwerte rächt, entwirft das N.-L. ein grauenvolles Bild: ein Greis von finstren Zügen, hoch gewachsen und von breiter Brust, schreitet er mächtig einher; sein Ruf durchfliegt die Welt, er aber geht kalten Blutes dem Untergange entgegen; keiner, wie er, bei dem jedes Wort gemessen, jede Bewegung berechnet ist, weiß klarer, was bevorsteht, keiner spricht weniger davon; er, der sich gebrüstet ob des Mordes Si's und die Leiche vor die Thüre der Gattin geworfen, ist in rührender Treue und Sorgfalt

---

werden durch ihre Treue gegen den Mannen in dessen Untergang hineingezogen. — Über Kri's Streben nach dem Horte vgl. S. 91.

*) Das Einzelne siehe bei E. D r e ſſ e l, Progr. Coburg 1857. Aber auch die andern Handschriften betonen wiederholentlich mit Nachdruck, daß ihre Treue gegen Si. der letzte Grund ihrer Härte und Grausamkeit ist (1523 = 1463, 1963 = 1912 = 1849).

bemüht, auch nur kleines Ungemach von seinen Herren abzuwehren, für sie kämpft und wacht er (er schließt im Angesichte des Todes das rührende Waffenbündnis mit Volker); offen nimmt er seine Schuld auf sich, freilich nicht reumütig, sondern voll stolzen Hohnes, schonungslos wie seine Feindin, ein Meister des Spottes; aber auch von vornehmer Gesinnung, stolz und voll Verachtung des Todes; mit kühner Hand greift er in die Räder des Schicksals und tritt ihm trotzig entgegen: er stellt es auf die Probe und fordert es heraus; da die Probe gegen ihn ausschlägt, schürzt und löst er den entsetzlichsten Knoten; er kennt im Gefühle der Kraft keine Furcht, scheut keine Gefahr; er weiß, daß er unterliegen muß, aber mit den Waffen in der Hand türmt er furchtbar sein Leichendenkmal auf und scherzt mit dem Tode, den seine nie fehlende Waffe bringt: immer größer erhebt sich im allgemeinen Verderben seine Gestalt, bis sein sofort gerächtes schimpfliches Ende, von Frauenhand zu fallen, den würdigen Schlußstein der Tragödie bildet. — Der Anteil an dieser mächtigsten Heldengestalt zittert nach in jedem, der seine Geschichte verfolgt, zurückgebebt vor seinen Thaten und aufgejauchzt bei seinem Heldentum: so ist der Ungetreue der eigentliche Held des Epos geworden, denn an ihm erfüllt sich ‚das große gewaltige Schicksal, welches den Menschen erhebt, wenn es den Menschen zermalmt'" (v. M u t h, S. 402 f.).

Gegen diese große Gestalt gehalten erscheint das Bild des einstigen Haupthelden blaß. Sicherlich wendet sich ihm hauptsächlich in dem ersten Teile des Epos unser Interesse und unsere Sympathie zu, aber die großartige Tragik seiner Rolle in der alten Sage ist verwischt: genau genommen wird er schuldlos (877 = 869 = 812) ermordet, denn er leistet ja den Eid, daß er sich Bru's Gunst nicht gerühmt habe, und die Verantwortung für den doppelten Betrug gegen Bru. fällt moralisch auf Gu. In der ältesten Form der Sage war seine Untreue gegen Bru., seine Liebe

Siegfried.

zu Gudrun die Schuld, die er mit dem Tode büßen mußte; schon die Einführung des Zaubertrankes der Grimhild zerstörte diese Schuld, und das deutsche Epos bemüht sich, den Helden ganz rein darzustellen. Hat er so seine Bedeutung als tragischer Held verloren, so tritt er uns dafür als das Ideal eines ritterlichen Königs des Mittelalters entgegen: sorgfältig erzogen, mit strahlender Schönheit, gewaltigen Körperkräften, unbeugsamem Mute, herzlicher Güte und Freundlichkeit ausgestattet, setzt er durch, was er sich vorgenommen; er gewinnt die begehrte Braut, erwirbt sich durch glänzende Waffenthaten Ruhm, ist beliebt bei alt und jung, erliegt aber schließlich unschuldig der heimtückischen Rache eines ohne sein Wissen und Wollen, nur mittelbar durch seine Unbedachtsamkeit gekränkten Weibes. Mit gespanntem Interesse verfolgen wir seinen Auszug, wundern uns über die Keckheit seines ersten Auftretens in Worms, freuen uns seiner kühnen Thaten im Sachsenkriege, lächeln über die Schüchternheit seines Liebeswerbens, bewundern seine Stärke im Kampf mit Bru., ehren seine stete Dienstbereitheit, gönnen ihm von Herzen den Besitz des ersehnten Weibes, glauben gern, daß er als tüchtiger König daheim regiert, fürchten nach dem Streite der Frauen für ihn in seinem arglosen Vertrauen, ergötzen uns an seinen Jagdthaten, seinen heitern Scherzen und sind innig gerührt durch seine Klagen über die Untreue der Mörder. So sind unsere Sympathien stets bei ihm; aber weniger sein Heldentum als seine Liebenswürdigkeit gewinnt ihm unsere Herzen, und wir ahnen in Ha. trotz seiner abstoßenden Eigenschaften und Thaten den größeren, wahrhaft dämonischen Helden, dem allerdings erst der zweite Teil des Liedes unser ganzes Interesse zuzuwenden vermag. — Wie Si. schon im N.-L. vom Ideal des germanischen Helden zu dem des Ritters und ritterlichen Königs herabgesunken ist, so hat ihn die Volkssage späterer Zeit noch tiefer sinken lassen, bis er zu einem zwar kraftvollen, aber rohen und übermütigen Jungen wird, der Drachennester ausbrennt und Löwen bei den Schwänzen aufhängt.

So ideal uns Si. als ritterlicher König geschildert wird, so klein erscheint G u n t h e r in der verwandten Rolle. Die üblichen epischen Epitheta werden ihm zwar nicht vorenthalten, aber was er thut und denkt, erscheint unselbständig, erbärmlich. Zweimal muß ihm Si. die Braut bezwingen, aber noch immer ist er ihrer nicht Herr; sie treibt ihn zu der verhängnisvollen Einladung, sie und Ha. vermögen den Schwächling, nachdem sie erst die Bedenken seiner Feigheit haben verscheuchen müssen, seine Einwilligung zu der grausen Mordthat zu geben, die er dann ängstlich zu bemänteln versucht. Alles müssen andere für ihn thun, sei es Si. oder Ha.; bei der Beratung, ob man Kri's Einladung zur Etzelnburg annehmen solle, salviert sich Gu. für seine Person (1488 = 1460 = 1400), und doch giebt nicht er, sondern Gernot den Ausschlag. Im letzten Kampfe streitet er zwar wacker, aber die schöne Erklärung der Treue gegen Ha. geben Gernot und Giselher (2162 = 2105 = 2042 f.), auch die Verhandlung mit Dietrich führt nicht Gu., sondern Ha. So steht Gu. im Ganzen als die unsympathischste Person im Liede da.

Anders seine Brüder. Beide wahren im Gegensatze zu Gu. ihrer Schwester die Treue, raten von Si's Mord ab und halten sich der That fern. Als sie einmal geschehen, suchen sie die Feindschaft zu mildern, geben dem alten Siegmund das Geleit und suchen ihrer Schwester Trost zuzusprechen. Um Kri. zu nützen, rät G e r n o t die Annahme der Werbung Etzels; ohne sich böser Absichten zu versehen, tritt er für die Fahrt zur Etzelnburg ein. An Kleinigkeiten zeigt sich die Milde seiner Gesinnung (Kaplan, Verwundete). Im Kampfe bewährt er sich als wackerer Streiter; aber am höchsten steht er, als er Kri. die Auslieferung Ha's weigert; obschon er dessen besonderer Freund nicht ist, obschon er die Mordthat mißbilligt hat, hält er ihm die Königstreue und Giselher stimmt ihm aus ganzem Herzen zu. Bezeichnend für Gernot ist ferner das Gespräch mit Rü. vor dem Todeskampfe (2241 = 2182 = 2119 ff.), in dem gleicherweise seine freundliche, dankbare Gesinnung wie furchtbare Entschlossenheit sich kund geben. — Giselher ist der Liebling seiner Schwester: er tröstet sie in ihrem tiefen Leid und verspricht ihr beim Scheiden seinen besonderen Beistand; sie hinwiederum träumt von ihm im Heunenlande und küßt ihn allein bei der Ankunft der Helden. Trotzdem nimmt Gi. ohne Schwanken im Kampfe sofort Stellung für Gu. und Ha. und bewährt glänzend Umsicht und Tapferkeit. Für seine Herzensgüte ist das rührende Abschiedsgespräch mit Rü. bezeichnend.

Etzel. Nicht ganz bestimmt ist Etzel gezeichnet. Von den Zügen des historischen Hunnenkönigs ist nichts geblieben als der äußerliche seiner gewaltigen Herrschaft. Auch des nordischen Atli Habsucht ist im N.-L. nirgend erwähnt. Der König erscheint als freundlicher, gastfreier Wirt, der keine Ahnung hat von dem unter der Asche glühenden Hasse seiner Gattin; in den großen Strudel hineingerissen zeigt er sich schwach und ohne Energie. Darum trifft ihn Ha's Hohn so tief, aber doch auch wieder ohne nachhaltige Wirkung. Als Grund, weshalb Etzel so sehr gegen Kri. und seine Vasallen zurücktritt, hat man wohl nicht ohne Recht die christliche Tendenz des Dichters bezeichnet.

Dietrich. Wie Etzel ist auch Dietrich zu Anfang unparteiisch. Doch übersieht er, weitsichtiger als der Heunenkönig, die Lage der Dinge und warnt die Burgunden. Durch das Ungestüm des vorlauten, aber in seiner glänzenden Tapferkeit und jugendlichen Begeisterung liebenswürdigen Wolfhart in den Kampf hineingezwungen, nachdem er sich vorher voll Schmerz über die grauenvolle Zwietracht zurückgehalten hat — wobei freilich der Leser ihn doch immer im Auge behält als den, der endlich die Entscheidung bringen wird — unterdrückt er den heißen Schmerz um den Verlust seiner Mannen und tritt im vollen Bewußtsein seiner unüberwindlichen Kraft, aber doch auch ohne Haß, ruhig und fast wie ein Schiedsrichter, ein Vertreter der Gerechtigkeit den überlebenden Burgunden gegenüber. Er bezwingt die bisher unbesiegbaren Recken und überantwortet sie gebunden der Rächerin, bittet aber für sie bei der Königin, der er schon einmal ihre Hinterlist verwiesen (1789 = 1748 = 1686), um Schonung. — Sein alter Lehrer und Waffenmeister H i l d e b r a n d ist im N.-L. nicht als so verehrungswürdig und glänzend geschildert wie in andern Liedern des ostgothischen Sagenkreises; auch seine Erwählung zum Bestrafer Kri's vermag ihm nicht die Würde zu geben, mit der ihn die ältere Sage umkleidet hat.

Diejenige Person, welche neben Ha. und Kri. am meisten das Interesse des Dichters und darum auch seiner Leser gefesselt hält, ist R ü d e g e r, der Markgraf von Bechelaren. Das N.-L. setzt von ihm voraus, daß er, aus seiner Heimat vertrieben, in Etzels Dienst eine Zuflucht gefunden hat. Es macht ihn zum Helden einer eigenen, in die große eingeflochtenen Tragödie. Er, den der Dichter mit allen Eigenschaften eines edlen Menschen, liebevollen Gatten, getreuen Vasallen, zuverlässigen Freundes, wackern Kämpen ausstattet, kommt in den ergreifendsten Konflikt der Pflichten; er muß die Freundschaft aufkündigen und gegen den auserkornen Eidam kämpfen, indem er seiner Vasallenpflicht treu bleibt, und findet gebrochnen Herzens den Tod von der Hand eines trefflichen Freundes. Tragisch ist seine Schuld, denn sie, das Versprechen des Dienstes an Kri., ist keine Unbesonnenheit, sondern ein Ausfluß seiner edlen, aufrichtigen Gesinnung; selbst lauter, vermutet er bei andern, zumal bei einer Frau, keine Hintergedanken, und so leistet er einen Eid, der ihn gegen Freundschaft und Verwandtschaft, gegen Reckentreue und Gastfreundschaft zu kämpfen zwingt. So bildet er in der Reinheit und Auf-

Rüdeger.

richtigkeit seines Herzens das ergreifende Seitenstück zu Si. im ersten Teile, rührt uns aber ungleich mehr als dieser durch seinen furchtbaren Seelenkampf. Er ist die schönste Verkörperung deutscher Heldentreue und hat in keinem Epos irgend eines Volkes seines gleichen.*)

Volker. Ebenso wie Rü. ist die Gestalt Volkers mit sichtlicher Vorliebe vom Dichter behandelt worden. Freilich ist die Charakteristik des Fiedlers nicht so genau ausgearbeitet wie die des Markgrafen; die wesentlichen Züge sind „bedächtige Ruhe und Standhaftigkeit, Energie und Tapferkeit"; aber die Macht und Schönheit seines Spieles wird mit Begeisterung geschildert beim Abschied von Bechelaren wie zwischen den Kampfszenen, und der Dichter wird nicht müde, den Kämpfer mit dem Spielmann, das Schwert mit dem Bogen, das Klirren der Waffen mit den Tönen zu vergleichen. Einen besondern Nimbus erhält Volker noch durch seine Waffenbrüderschaft mit dem grimmen Ha. Offenbar hat der Dichter in dieser Gestalt die Verbindung von Ritter- und Sängertum, wie sie in dieser Zeit allmählich aufkam und Ansehen gewann, verherrlichen wollen.

---

*) Es verdient noch Beachtung, daß auch Rüdeger ursprünglich eine mythische Person ist (Müllenhoff, 3. f. d. A. XXX 236 ff. v. Muth Einltg. S. 76 ff.) ebenso wie Eckewart (= dem „getreuen Eckhart", dem Warner am Venusberge) und Jring. Rüdeger ist verwandt mit Rupprecht und Eckhart, ein zuverlässiger Wächter und Warner. — Eine schöne Schilderung seines Charakters bei Vilmar.

Idee und Tragik.

Als ie diu liebe leide zaller jungeste gît: mit diesem Schluß-Worte, das schon Str. 1 und 17 anklingt, scheint der Dichter selbst die Grundidee seines Werkes angeben zu wollen. Und es mag sein, daß ihm nicht mehr zum Bewußtsein gekommen ist, es mag sein, daß er in der Darstellung des Wechsels von Glück und Unglück, von Freude und Klage, vom Wechsel alles Irdischen Genüge gefunden hat, wie wir ja auch gesehen haben, daß das Streben nach Abwechselung in Form und Stoff bestimmend für die Aufnahme, Behandlung und Ordnung gewisser Stücke gewesen ist. Wir erkennen in diesem Streben die Anfänge der Kunst, ein größeres dichterisches Ganze zusammenzusetzen, haben aber oben schon gesehen, daß der Dichter des N.-L's vielfach über diese Anfänge hinaus gekommen ist. Große Motive durchziehen das Ganze wie einzelne Teile, und an die Stelle bloßer Erzählung der Aufeinanderfolge ist schon fast überall genetische, begründende Entwicklung des Folgenden aus dem Vorhergehenden getreten. Besonders oft tritt uns e i n Motiv in den Personen entgegen, ein Motiv, das eben, weil es so oft bestimmend eingreift, vom Dichter sichtlich bewundert und verherrlicht wird, die T r e u e. Und man hat darum nicht ganz mit Unrecht die Treue die I d e e des N.-L.s genannt, obwohl man nicht mit Übertragung moderner Begriffe sagen darf, der Dichter habe in seinem Werke mit Bewußtsein die Absicht verfolgt, die Treue zu verherrlichen.

Treue bewähren die Hauptpersonen alle, Kri. gegen Si., indem sie seinen Tod rächt, Ha. gegen die Könige, indem er mit ihnen zur Etzelnburg zieht, die Könige gegen Ha., indem sie sich weigern, ihn auszuliefern; Ha. und Volk. schließen noch im Angesichte des Todes den Bund treuer Freundschaft. Am ergreifendsten tritt sie uns entgegen im Seelenkampfe Rü's, den eben das Widereinander seiner Treuverpflichtungen in den Tod treibt. Ihn preist darum der Dichter auch besonders gerade wegen seiner Treue, während er im Gegensatze dazu den ungetrauen Ha. des ersten Teiles nachdrücklich verurteilt. — In dieser allgemeinen Verherrlichung der Treue fällt nun als spezifisch g e r m a n i s c h e s Element in die Augen die Vasallen- und Königstreue; in Ha. und Rü. findet sie ihre ergreifenden Verkörperungen.

Neben diesem Preise der Treue verdankt das N.-L. seine immer frische Anziehungskraft der gewaltigen T r a g i k des Stoffes.*) Beide Teile des Epos ergeben, wenn man die Einzelheiten richtig gruppiert und verbindet, je eine Tragödie, deren Ausgänge durch Si's Tod, andrerseits durch den Untergang der Burgunden bezeichnet sind. Indem ich im Folgenden **) schematisch eine Übersicht über die tragischen Verwicklungen gebe, bemerke ich ausdrücklich, daß dieselben im N.-L. nicht so klar, ja teilweise nicht ohne Widersprüche entwickelt sind.

---

*) Über die Nibelungen-Tragödien unseres Jahrhunderts f. o. S. 94.

**) Für den ersten Teil nach einer mir gütig zur Verfügung gestellten Aufzeichnung von Direktor M. E b e r s.

I. Siegfrieds Tod.

I. Die tragische Schuld:
1. Si's erstes Auftreten in Worms:
   a) mit Schuld behaftet (übermüete ὕβρις); freilich
   b) sehr erklärlich, ja verzeihlich, weil
      α) nur Mittel, sein eigentl. Ziel, die Werbung zu verbergen,
      β) später ausgeglichen durch Versöhnung, Treue, Hülfe; aber dennoch
   c) Folge: erster Keim und Stachel von Furcht, Neid und Eifersucht bei Hagen.
2. Si's zweifacher Betrug gegen Brunhild:
   a) die Vorgänge
      α) in Island:
         1. Vorgeben, er sei Gu's Lehnsmann,
         2. Betrug mit der Tarnkappe,
      β) in Worms:
         1. nächtlicher Betrug durch die Tarnkappe,
         2. Raub von Ring und Gürtel (aus übermüete ὕβρις),
         3. Auslieferung dieser Stücke und Ausplaudern gegen Kri.
   b) Gegengewichte, Entschuldigungsgründe:
      α) beste Motive: Liebe, Freundschaft,
      β) Zwang der Umstände.

Aus allem dem nun — nach scheinbarer Ruhe und 10jährigem Glücke um so erschütternder —

II. Die furchtbare tragische Folge:
1. die steigende Verkettung:
   a) Bru's Ruhelosigkeit, Ahnen eines Geheimnisses,

b) Einladung, Streit der Königinnen in stufenweiser Steigerung bis zum unbedachtsamen Verrate Kri's. NB. Hier deren Schuld!
c) Bru's Racheburst,
d) Aufstachelung der Burgunden, besonders Ha's.
2. die Katastrophe:
a) Kri's Angst und Mitteilung an Ha.
b) Si's Ermordung.
   (tragische Ironie Kri's Fürsorge,
   in   Si's Arglosigkeit.)

II. Untergang der Burgunden.

I. Die tragische Schuld, in verschiedener Abstufung nach den Personen:
1. bei Ha. a) Vertrauensbruch gegen Kri.,
           b) Ermordung Si's,
           [c) Entziehung des Hortes]
   entschuldigt durch seine Treue gegen die Herrin Bru. und seinen Eifer für die Interessen des Königreiches.
2. bei Gu. Einwilligung in Ha's Mordpläne, entschuldigt durch sein Verhältnis zu Bru.
3. bei Gernot und Giselher: sorglose Passivität, erklärbar durch eigene Lauterkeit.
II. Die tragische Folge:
1. die steigende Verwicklung:
   a) Kri's Rachegedanken,
   b) Annahme der Werbung Etzels auf Grund des Treueides Rü's. NB.! Hier dessen Schuld, die freilich ahnungslos begangen wird (vgl. Charakteristik S. 105.,
   c) Einladung,

d) Verschärfung des Gegensatzes durch Ha's Auftreten gegen Kri. (ὕβρις),
 α) beim Empfange,
 β) vor dem Palaste.
2. Die Katastrophe:
 a) Überfall der Knechte; als Rache dafür
 b) Tötung Ortliebs; als Folge
 c) offener Kampf; Tod der Helden in umgekehrter Reihenfolge zur Größe ihrer Schuld:
  α) Gernots und Giselhers (dabei Rü.),
  β) Gu's [Schatz],
  γ) Ha's.
 d) Sühne: Tod Kri's.